ISBN 978-0-266-98617-1
PIBN 10919509

Forgotten Books is a registered trademark of FB &c Ltd.
Copyright © 2018 FB &c Ltd.
FB &c Ltd, Dalton House, 60 Windsor Avenue, London, SW19 2RR.
Company number 08720141. Registered in England and Wales.

For support please visit www.forgottenbooks.com

IMPRIMERIE D'ANT. BERAUD,
RUE DU FAUBOURG SAINT-MARTIN, N°. 70.

ESSAI

DE

CONCILIATION

DE L'AMÉRIQUE,

ᴛ ᴅᴇ ʟᴀ ɴᴇ́ᴄᴇssɪᴛᴇ́ ᴅᴇ ʟ'ᴜɴɪᴏɴ ᴅᴇ ᴄᴇᴛᴛᴇ ᴘᴀʀᴛɪᴇ ᴅᴜ ᴍᴏɴᴅᴇ

AVEC L'EUROPE,

ᴄᴏɴsɪᴅᴇ́ʀᴇ́ᴇ

DANS SES RAPPORTS POLITIQUES ET COMMERCIAUX,

ᴇᴛ ᴅᴀɴs ᴄᴇᴜx

ᴅᴇ ʟᴇᴜʀ ᴘʀᴏsᴘᴇ́ʀɪᴛᴇ́ ᴇᴛ ᴛʀᴀɴǫᴜɪʟʟɪᴛᴇ́ ʀᴇsᴘᴇᴄᴛɪᴠᴇ

Pᴀʀ M. LEBORGNE DE BOIGNE,

Commissaire-Ordonnateur en retraite, Chevalier de l'Ordre royal
et militaire de St.-Louis, ancien Agent du Gouvernement à St.-
Domingue, et ex-Législateur, Député de cette Colonie;

Auteur du *Nouveau Système de Colonisation pour Saint-
Domingue.*

* * *

PARIS,

Cʜᴇᴢ {
Aɴᴛ. BÉRAUD, Iᴍᴘʀɪᴍᴇᴜʀ - Lɪʙʀᴀɪʀᴇ, rue du Fau-
bourg-Saint-Martin, n°. 70;
DELAUNAY, Lɪʙʀᴀɪʀᴇ, Palais - Royal, Galerie de
Bois;
Aʟᴇxɪs EYMERY, Lɪʙʀᴀɪʀᴇ, rue Mazarine, n°. 3o.

Oᴄᴛᴏʙʀᴇ 1818.

9. 7.1974

ESSAI

DE

CONCILIATION

DE L'AMÉRIQUE.

———◦———

L'ouvrage du nouveau *Systéme de Colonisation* pour Saint-Domingue, a traité d'une matiére d'intérêt public de la plus haute importance: il y est question de rétablir les relations politiques et commerciales de la France avec cette Colonie, par un mode particulier qui concilie les anciens et nouveaux droits qui s'y sont formés.

Dans cet ouvrage, on considère les choses dans l'état où elles sont, abandonnant les vieilles et dangereuses routines, ainsi que l'espérance, si souvent trompée, de faire changer cet état par la force, sans s'exposer à tout perdre.

Prenant notre sujet de plus loin, et le liant aux événemens présens, nous avons retracé les révolutions qui se sont opérées depuis quarante ans en Amérique, et celles qui travaillent maintenant la plus étendue, et la plus riche de cette partie du Nouveau-Monde. Nous avons

rappelé les résultats mémorables de la première qui ont élevé les Etats-Unis à une puissance prépondérante, et son agrandissement
progressif par les troubles et les pertes de l'Europe.

Des suites de cet exemple, on montre la couronne de Portugal se réfugiant au Brésil, et la
métropole ancienne transformée, en quelque
sorte, en colonie sujéte et tributaire.

A Saint-Domingue, un Noir élevé à la dignité
royale, sous l'étendard de la liberté africaine.

A côté, dans la même île, un autre Etat rival,
y ayant pris naissance sous une forme popu-
laire, et portant la même bannière, sans exciter ni surprise ni inquiétude.

Enfin, l'Europe rendant aux lumières du siècle
et à l'humanité un hommage éclatant par l'a-
bolition générale de la traite des Noirs, et ren-
versant de fond-en-comble, par cet acte immor-
tel, l'ancien systême colonial.

C'est à en substituer un autre sur le plan
tracé par cette souveraine philantropie, en
cédant et en faisant la part au mouvement
irrésistible qui entraîne l'Amérique vers une
sphère nouvelle, où elle est poussée par le temps
et par l'ordre naturel des choses qui détermine
et amène ces changemens, que nous avons écrit
dans des vues générales et particulièrement utiles à la France.

Si ces divers événemens, dignes de fixer les regards de la politique et de la philosophie, semblent assigner l'époque de l'indépendance de l'Amérique, ils exigeraient peut-être d'examiner jusqu'à quel point cette révolution doit être ou favorable ou funeste à l'Europe et à chacun des Etats qui y sont possessionnés; car, il est de la nature de ces divorces politiques d'entretenir une haine profonde contre la domination dont ils rompent et font courber le joug, par la raison qu'on la suppose toujours conjurant et méditant un retour et des vengeances dans ceux forcés à cette séparation.

Celle du Nouveau-Monde pourrait donc amener une réaction, qui exercerait contre l'ancien la même influence que la découverte produisit en sa faveur? Les fers qu'avec violence brisent les peuples long-temps asservis, sont forgés en armes toujours tournées contre leurs oppresseurs; les plaies qu'ils ont faites sont fermées, mais la cicatrice reste pour en rappeler la douleur par le souvenir qui l'exagère encore en se transmettant.

Ainsi, et pour long-temps, il faudrait peut-être craindre de voir l'Amérique engager l'Europe dans des guerres nouvelles, pour en retenir ou s'en disputer les lambeaux epars, échappés un moment des liens de la cause

commune; la dépouiller, dans la paix, de sa population utile, laborieuse, qui émigrerait avec
son industrie, d'une terre vieille, appauvrie,
épuisée par les malheurs de la guerre, arrosée
des sueurs de ses cultivateurs : elle se porterait
sur une autre, encore vierge, féconde, sous un
climat favorisé, et dont le fonds d'or et d'argent lui promet presque sans travail les produits réunis des deux hémisphères.

Si l'Amérique du nord, ayant, il est vrai,
pour attrait puissant, l'heureuse liberté dont
aucune nation n'a joui avant elle dans une si
grande latitude, a augmenté, en trente ans,
sa population de 12 à 14 millions d'habitans,
quel serait l'accroissement progressif de celle de
l'Amérique méridionale, dans la même période,
réunissant au même bienfait tant d'avantages
naturels ?

C'est à l'Europe, avons-nous dit, « à former
» un faisceau contre les dangers qui la me
» nacent, si toutefois il en est temps encore. »
Tout lui commanderait, au moins, de se ménager, par des bienfaits particuliers, la conservation des îles placées, comme intermédiaires
entre les continens des deux Amériques, et entre
ceux-ci et l'Europe. Sans cette prévoyance, dont
on doit sentir le besoin, les Etats faibles en
marine, ménacés d'être déshérités de leurs do-

maines, en seraient totalement et pour toujours repoussés.

Ces réflexions ont échappé, sans doute, aux partisans d'une indépendance absolue, sans en calculer les conséquences pour leur patrie, qui érige en vertus premières, l'égoïsme national ou l'amour exclusif qu'on doit lui porter. Ces considérations sont d'ailleurs assez graves par leur nature pour faire quelque impression sur les Gouvernemens européens qu'elles intéressent.

D'un autre côté, ce serait n'avoir étudié, ni approfondi les causes de l'insurrection américaine, la violence, l'opiniâtreté du caraetère des insurgens, l'instruction qui y est généralement répandue, la haine qui les exaspére, les craintes qu'ils conçoivent du Gouvernement de la métropole qui résiste à l'e m ire des circonstances, de se persuader que l'impulsion donnée à ces âmes fortes peut être amortie.

Des armées sont toujours trop faibles, quel qu'en soit le nombre, pour agir dans un pays aussi immense, défendu par lui-même, contre une population qui a la même religion, le même Dieu pour protecteur, les mêmes armes, le même courage que ses anciens vainqueurs lorsqu'ils l'asservirent sortant pour ainsi dire des mains de la nature.

C'est la puissance maritime qui fonde, donne et protége la puissance coloniale ; et celle-ci tombe d'elle-même quand la première n'existe plus, ou qu'elle ne peut protéger : ainsi, quel espoir soutenu pourrait nourrir l'Espagne en combattant à une telle distance, et si dé-pourvue de ressources , qu'elle est obligée d'emprunter des vaisseaux à l'Empereur de Russie, trop éloigné d'elle, trop sage, trop éclairé pour lui prêter d'autres secours, quand d'autres Puissances plus rapprochées, plus inté-ressées l'abandonnent : ce qui serait assez pour lui nuire ; et quand ce grand Souverain, si cher à l'humanité, semble être appelé à de plus hautes destinées et à la gloire constante d'être le modérateur de l'Europe et le défen-seur de l'une de ses plus belles parties?

Pendant le temps que l'Espagne entretient la guerre contre ses sujets en Amérique, qu'elle en exile d'autres de la métropole pour opi-nions ; qu'éclipsée par le monstre de l'inqui-sition qu'elle a ressuscité, elle reste dans l'ombre de la lumière qui éclaire l'Europe, la succession de ses possessions semble être ouverte et échue à ses vassaux et à ses voisins, à ses amis et à ses ennemis. On lui enlève l'île d'Amélia et les deux Florides. La république de Buenos-Ayres s'affermit sous la protection du roi du Brésil, qui retient pour son compte Montevideo. La victoire affranchit le Chyli et défend l'Oré-noque. Les Hollandais, ses créanciers, parlent de mettre en séquestre Porto-Rico, qui serait mieux appelée du nom d'île fortunée, quoique n'ayant encore qu'une faible population ; mais une si grande prospérité faisait tellement tout négliger, que les soins étudiés du possesseur de si vastes Etats avaient moins pour objet d'en jouir, que de priver ses amis d'y participer, d'en cacher la source, et d'en éloigner tout le monde.

Si Cuba, île plus importante, placée comme Saint-Domingue dans le golfe du Mexique, suit, plus ou moins tard, le torrent qui entraîne le Continent, l'Espagne ne conserverait de l'Amérique que le souvenir des exploits qui lui assurèrent la conquête de cette toison d'or, et celui des fautes par lesquelles elle l'aurait volontairement perdue.

Le déplacement d'un poids aussi immense de la balance politique du monde, ne doit-il pas en renverser l'équilibre ? Si le temps a fixé au dix-neuviéme siècle de l'ère chrétienne la liberté et l'indépendance des peuples, le bruit que, par leur chute, doivent produire, en tombant, les chaînes de l'Amérique, ira-t-il se perdre aux rives de l'Indus et du Gange ? ou y réveiller les habitans de cette terre , le berceau de la civilisation ? Si l'Indien façonné au joug, et dont le destin est de porter celui de tous les conquérans qu'attirent et son heureux sol et ses richesses, sent moins, il est vrai, la rigueur de son sort et de son avilissement, le ciel lui sera-t-il toujours contraire ? Ne peut-il guider la marche du libérateur qui lui est annoncé, et que la tradition dirige du nord de l'Europe ?

Mais aujourd'hui ses vœux se perdent dans l'avenir : tout semble mort pour lui, autour de lui, et loin de lui. La Fortune seconde et favorise, là comme ailleurs, les armes britanniques. La science de la politique , sa combinaison avec la puissance de terre et de mer, et l'art de la mettre en action, ont triomphé du courage malheureux. La puissance Marathe, formée en gouvernement militaire fédératif, sous un chef ou *Peischewa*, restait encore debout ; elle avait même été fortifiée et agrandie par un général européen (1). Au milieu des débris de tant

_____

(1) Le Maréchal-de-camp comte de Boigne, frère de l'auteur du Système. Il a commandé pendant vingt-huit ans, pour la puissance Marathe, une armée de trente-trois mille homme d'infanterie régulière qu'il avoit levée, disciplinée, instruite à la tactique européenne, et payée exactement : ce qui la rendait toujours active et sur

d'autres tombées à côté d'elle, et déjà oubliées, l'Indostan existait indépendant : soutenu par les Arabes, s'avançant sur la côte du Malabar, occupant un pays difficile, il laissait encore à l'af-

---

pied contre l'usage des autres princes de ce pays. La victoire fut constamment fidèle à cette arme nouvelle pour cette puissance qui ne possédait avant lui qu'une immense cavalerie irrégulière.

Le général de Boigne étendit le territoire des Marathes dans le Mogol, dans le pays des Secks ou anciens Curdes; il fit respecter cette puissance de tous ses voisins, autant par sa sagesse que par son habileté, et la considération qu'elles lui acquirent des Anglais. C'est depuis son retour en Europe, pour y rétablir sa santé affaiblie par les travaux de la guerre, que ceux-ci commencèrent à attaquer les Marathes avec avantage. Le général Dupeyron, qui succéda au général Comte de Boigne, fut défait en 1803, quoique vendant cher la victoire aux ennemis. Le premier article de la paix, fut d'obliger les vaincus à licencier *l'armée dite de Boigne*, qui portait ombrage. Dès cette époque, la puissance Marathe n'a fait que décliner jusqu'à sa chute, demandant en vain son ancien général, qui lui-même, de son côté, accusait le sort de le retenir éloigné de servir un pays, qui fut si longtemps le théâtre de sa gloire. Retiré depuis 15 ans en Savoie, sa patrie, comblé des faveurs du roi de France, et particulièrement de celui de Sardaigne, il jouit de la satisfaction de faire tout le bien que lui permet une grande fortune.

(*Note de l'Editeur.*)

franchissement de l'Inde quelque espérance :
cette crainte a hâté sa ruine. L'Indostan a subi
le sort commun et celui du Mysore. Le léo-
pard n'y compte plus d'ennemis publics ni de
rivaux secrets ; mais la politique de l'Angleterre composera-t-elle avec les leçons de l'expérience ? se privera-t-elle de la gloire de donner des lois fixes et un gouvernement à ces
peuples ? ou doivent-ils attendre ces bienfaits
des divisions de leurs vainqueurs ?

L'Espagne est dans une situation bien différente en Amérique. « Elle triomphera, nous
» le répétons, sur quelques points où seront
» réunies ses forces, et la révolte suivra par-
» tout et successivement les mouvemens de sa
» faiblesse.»

Il faudrait bien plutôt engager ce Gouvernement à adopter d'autres vues que lui conseille la prudence, et à ne pas s'épuiser en efforts
impuissans dans cette lutte inégale. L'Amérique, qui éleva sa gloire et sa splendeur à un
si haut degré, peut devenir la cause immédiate
de sa décadence.

L'ouvrage du Système a laissé conjecturer,
d'après les vœux qui furent émis par quelques
royaumes des Indes, au commencement des
troubles, qu'un prince de la maison d'Espagne qui s'y serait présenté, investi du titre et

de la couronne des Incas, avec une constitution libre, indépendante et fédérale, aurait tout pacifié. Cette transmission de son pouvoir, faite ainsi pour diriger cette révolution, eût fait tourner en sa faveur de plus immenses résultats que ceux qu'elle retirait de sa dépendance, et dont elle se prive sans retour, en prétendant l'arrêter; elle y eût conservé son influence, et acquis, avec un grand commerce, des alliés puissans et des tributs : l'Europe serait dans une assiette tranquille, à l'abri de nouveaux troubles.

Ainsi, ce ne sont pas des armées qu'il faut faire agir pour fixer les destinées de l'Amérique, et les attacher à celles de l'Europe, dans leur intérêt commun et dans la nécessité d'assurer leur tranquillité future. La force est un levier sans appui contre la résistance de l'opinion; elle est insuffisante à cette époque, pour obtenir des résultats durables, si les Monarques ne gagnent les cœurs des sujets avant d'obliger leurs personnes ; mais ces cœurs s'engagent d'eux-mêmes dans les liens de la bonne foi, de la modération, de la justice et de la liberté. L'affection des peuples est le plus ferme soutien des trônes, comme elle est la plus sûre garantie de leur obéissance : une fois acquise, elle éclate en dévouement et en sacrifices de tous les genres.

La France présente au monde ce touchant spectacle : heureux effet de son gouvernement représentatif, qui, fondé sur l'égalité des droits entre les citoyens, et de devoirs réciproques entre la nation et le trône, a rempli les vœux éclairés du peuple, soutenus par des efforts surnaturels ; il a réassis l'État ébranlé sur les bases de la liberté publique, du crédit et de la confiance. Si déjà il a produit tant de bien, quel est celui qu'on ne doive pas attendre du perfectionnement d'une institution aussi sublime que libérale ?

C'est donc cette sagesse du Nestor des Rois, instruit par le malheur qui le retint trop long-temps éloigné de sa patrie et du trône, que le roi Ferdinand, qui a ressenti les coups de l'infortune, aurait dû suivre, comme cause première d'une réconciliation avec l'Amérique, qui, s'élevant au niveau de la civilisation, aspire à y figurer au rang que lui assigne sa propre grandeur. Traitant ainsi avec une reconnaissance méritée ses sujets de l'Europe, il se fût ménagé l'attachement de ceux du Nouveau-Monde, par l'espérance d'un meilleur sort sous l'influence d'un Gouvernement libre et représentatif.

En effet, celui-ci se rapprochant d'un pacte fédératif de famille, dont le Monarque est le chef souverain, le lien qui le forme et qui l'unit est tellement élastique, qu'il peut spontané-ment s'étendre du centre à la circonférence, comme se resserrer à volonté : par conséquent, il peut embrasser avec facilité toutes les par-ties du même Empire, en les faisant participer aux mêmes bienfaits. Et quelle que soit la forme particulière de l'administration ou du gouver-nement qu'exigent ou que retiennent certaines localités, cette différence n'est point un obs-tacle qui les empêche d'entrer ni de les ad-mettre dans la confédération, dans laquelle chacune a des droits à exercer qui lui sont propres et qui émanent du centre.

Les Gouvernemens absolus, arbitraires, sont seuls privés de cette faculté de réunir et de régner par l'opinion ; ils ne possèdent que celle de stimuler le désir de s'en séparer.

L'unité d'un Gouvernement qui accorde à quelques parties de son territoire un régime particulier, calqué sur la différence de situa-tion résultant de l'éloignement, du climat, des mœurs, des usages des habitans, et quelque-fois des circonstances, est aussi entière qu'elle l'est dans le Gouvernement qui y reconnaît et protége sagement divers cultes. L'application de ces principes aux principes de Gouverne-ment, constitue le régime fédératif le plus

conforme aux grands Etats, et qui possèdent
au loin, et le plus favorable à la liberté des citoyens, puisqu'ils ont une part à l'administration de leurs provinces ; il est surtout la digue
la plus forte qu'on puisse opposer aux mouvemens révolutionnaires pour eu rompre l'impé-
tuosité et l'amortir. La fédération des Colonies
avec leurs Métropoles a cet avantage particulier, qu'elle les intéresse à la défense du territoire, et qu'elle les oblige aux frais de leur administration.

Ce système politique, éclairé des leçons de
l'expérience, et modifié suivant la différence de
situation que présente Saint-Domingue, a servi
de basé au mode de rapprochement que nous
avons proposé avec cette ancienne Colonie.

Nous avons considéré, d'abord, que l'établissement des îles à sucre n'eut, dans son origine,
d'autre objet que l'extension et la prospérité
du commerce, en lui ouvrant des débouchés ;
qu'une colonie est un domaine en-dehors de la
puissance de l'Etat, qui ajoute à sa richesse par
celle des particuliers, sans rien ajouter à sa
force réelle, et que c'est avoir atteint le but,
de revenir au principe de l'origine. Toute autre
tendance doit être repoussée comme contraire
aux intérêts, bien entendus, des Gouvernemens
qui y sont possessionnés.

Dans l'état actuel des choses, ce serait réveiller peut-être des rivalités assoupies, en quelque sorte satisfaites, si jamais elles peuvent l'être, et s'exposer à des inquiétudes nouvelles. Le point essentiel est de s'affranchir des dépenses qui ont toujours plus qu'absorbé les revenus que le protecteur retire de ces possessions, soit par les prétextes fréquens de guerre qu'elles fournissent à la puissance qui la désire, soit par l'entretien ruineux d'une marine qui devient nulle si elle est faible ; et inutile, quoique forte, si elle n'a pas à couvrir de grandes possessions, et un commerce proportionné dont elle doit tirer son existence, ses ressources et sa puissance.

Comme une nation doit établir ses maximes d'état sur sa situation propre, autant que sur celle relative des autres par rapport à elle, il entrerait donc dans les conseils d'une prudente circonspection de renfermer les vues du rapprochement avec Saint-Domingue, dans une transaction qui offrirait les bénéfices de la possession, sans en avoir les charges, c'est-à-dire, qui rétablirait le commerce de France avec cette île, dans la suprématie des avantages dont il jouissait autrefois, et qui ont passé, par l'effet des événemens, exclusivement, dans les mains des étrangers; ils ont de plus, en leur faveur, d'être débarrassés des frais de protection, d'administration et de tant d'autres ; satisfaits de ce sort, aucun d'eux sans doute ne prétend, à l'honneur dispendieux, plus difficile encore que dangereux, de gouverner cette Colonie.

Mais, considérant que la France, comme souveraine et propriétaire de cette possession, a des droits qu'elle ne peut sacrifier, et les faisant revivre, par l'application des principes qui ont été développés sur la question concernant les Colonies, et en particulier celle de Saint-Domingue, nous avons rétabli le principe de la souveraineté appartenant à la France ; et c'est en vertu de l'exercice de cette prérogative qu'elle règle le sort de la Colonie, par des concessions de droits qui lui sont faites ; concessions qu'elle désire aussi vivement obtenir pour sa tranquillité, sa sûreté et sa considération, que la France devrait, peut-être, se montrer disposée à consentir en faveur de son commerce, et pour se sortir de l'embarras où la place l'état incertain, équivoque de Saint-Domingue à son égard.

Suivant ce principe, la souveraineté du Roi s'exercerait :

1°. Par l'obligation imposée à la Colonie de payer au trésor royal un tribut annuel ; une autre somme de soixante millions, payable par

égale portion , d'année en année , est demandée
en dédommagement des pertes éprouvées par la
France , provenant de l'interruption du commerce , et pour compensation d'objets matériels
qui lui seraient cédés ;

2°. Par la prestation de foi et hommage au Roi
et à ses successeurs au trône , par des députés de
la Colonie , comme relevant de la couronne de
France et de son obéissance ;

3°. Par l'établissement d'une compagnie de
commerce français , ayant à sa disposition une
certaine force de terre et de mer qui , limitée à
la sûreté de son commerce, et de deux places qui
lui seraient cédées , ne pourrait dans aucun cas
devenir offensive , ni troubler la paix intérieure
et extérieure ;

4°. Par le privilége accordé à cette association
commerciale, de faire le commerce exclusif avec
la Colonie , sauf les restrictions jugées nécessaires entre la Colonie et la Compagnie ;

5°. Par l'indépendance de la Compagnie de
l'action du Gouvernement ; étant instituée pour
servir d'intermédiaire entre la France et Saint-
Domingue , elle forme le nœud de cette union
politique :

Par-là , le Roi se réserve la prérogative utile
de la souveraineté , et le commerce français est

2

replacé dans ses droits anciens, à la charge par lui de les maintenir,

En réciprocité des obligations auxquelles se soumettrait la Colonie, elle obtiendrait les concessions suivantes :

1°. Il lui serait solennellement reconnu le droit de se régir, administrer et de faire les lois concernant son régime intérieur, sans que le gouvernement de France, ni celui de la Compagnie, puissent s'y immiscer en aucune manière.

2° La division du territoire, telle qu'elle existe, formée par la rivière de l'Artibonite, serait maintenue en deux gouvernemens distincts, séparés et érigés, savoir : la partie de la rive droite que commande *Christophe* en *gouvernement Haïtien* ; et la rive gauche que commande *Boyé*, en *gouvernement Colombien.*

3°. Les limites de ces deux Gouvernemens seraient garanties par la France et par la Compagnie du commerce.

4°. Le Roi pourrait donner l'investiture du titre aux chefs placés à la tête de ces Gouvernemens.

Ainsi se trouveraient fixées et assurées l'existence politique de la Colonie, l'autorité des deux chefs, leur indépendance entre l'un et l'autre, et la forme d'administration qui y est établie.

L'ouvrage renferme d'autres dispositions favorables aux possesseurs de biens-fonds dans la Colonie.

Cet acte fait tout rentrer dans l'ordre naturel. La Colonie tiendrait ses droits de la puissance souveraine du Roi : ils ne sauraient avoir d'autre source pour être légitimes, paisibles et durables ; et la Colonie reconnaîtrait cette suprématie en s'obligeant à payer un tribut, et à établir la compagnie de commerce, dans les priviléges dont jouissait le commerce français avant les événemens qui l'en ont privée.

Cette union , fondée sur une réciprocité d'avantages communs à la France et à la Colonie, présente une marge assez large pour laisser au temps à la resserrer et à la rendre plus intime à mesure que nos préjugés s'affaibliront. Telle qu'elle existe par le Système , elle est assez forte pour éloigner la crainte d'être troublée , et elle n'est pas assez puissante pour troubler les autres. Elle promet à la Colonie une sécurité au-dedans , dont elle est loin de jouir ; et au-dehors , une considération qui est le premier bien de toutes les sociétés. Par cette union , elle acquiert un protecteur obligé de favoriser son développement , et entièrement désinté-

ressé à lui nuire et à vouloir étendre son autorité à laquelle il pose lui-même des bornes.

Les chefs de la Colonie méditeront, sans
doute, avec attention, le raisonnement plein de
sagesse, que, dans leur intérêt, nous leur prê-
tons dans le Systême : nous en prenons le passage
suivant :

« Si le Roi, disent-ils, veut nous reconnaître,
» s'il daigne nous investir d'une autorité légale
» qui ne peut émaner que de sa puissance,
» notre sort change comme par enchante-
» ment; nous prenons place comme vassaux
» et tributaires de Louis XVIII, au nombre
» des Gouvernemens paisibles et tranquilles :
» saisissons-donc cette occasion de légitimer
» notre existence, et d'en éloigner les alarmes
» et les dangers qui l'environnent sans cesse. »

La France ne peut ni ne doit, en effet, abandonner plus long-temps à elle-même cette possession si nécessaire à son commerce; il faut
vaincre sa résistance ou la ramener par une
magnanimité qui impose silence aux craintes
qu'elle a pu concevoir des fausses démarches
faites auprès d'elle.

L'arrangement que l'on propose ne blesse
en rien la politique des autres Etats maritimes,
ni leurs intérêts. Si le commerce français rentre
dans ses priviléges, le Systême appelle celui

des étrangers à en partager les bénéfices, ayant la faculté d'entrer comme actionnaires dans la ompagnie.

La France ne ferait, d'ailleurs, en cette occasion, que reconnaître à la Colonie ce qui lui est déjà tacitement et implicitement reconnu par les mêmes Etats, et elle reprend possession d'un bien dont elle est privativement dépouillée.

Car, si quelques bâtimens s'expédient des ports de France, ils ne sont admis à Saint-Domingue qu'en empruntant un pavillon étranger qui fait leur sûreté, et en neutralisant les équipages qui les montent : condition triste et précaire, dont aucune vue, aucun bénéfice ne sauraient compenser l'humiliation. La Colonie pourrait en tirer la conséquence que la France borne là toutes ses prétentions; comme aussi, en flattant cette erreur, espérer se donner des ôtages et une garantie contre toute réclamation ou tentatives ultérieures. Le commerce en général, qui n'y prend aucune part, pourrait craindre en même temps, et avec raison, de trouver dans cette trop facile condescendance, un prétexte d'opposition aux mesures qui concilieraient mieux l'honneur et l'intérêt de l'Etat. En matières politiques, comme en matières privées, la maxime la plus sûre est de sauver l'honneur de préférence à l'intérêt, quand l'un et l'autre ne peuvent être sauvés ensemble.

On concevrait aisément que le commerce clandestin, qui se glisserait ainsi furtivement à Saint-Domingue, sous pavillon étranger, sans autre appui que celui d'une tolérance masquée, n'y serait pas sur un pied respectable ; qu'il n'y serait reçu et souffert que comme un ancien maître chassé de sa maison par ses serviteurs, c'est-à-dire, toujours suspecté dans l'intérieur, et jalousé des étrangers appelés au partage de ses dépouilles.

Les plus petits essais en ce genre peuvent avoir des suites irréparables ; car, quand il serait possible que cette clandestinité se changeât en tolérance avouée, ostensible, obtiendrait-on d'autres résultats que le stérile avantage d'entrer, avec les étrangers, en concurrence du commerce de la Colonie, concurrence que celui de France pourrait d'autant moins soutenir qu'il y serait toujours exposé ? Dans ce cas-là même, ne serait-ce pas alors ouvertement reconnaître, sans y être obligé, la neutralité de cette Colonie, et renoncer à la propriété et à la souveraineté ? Ce parti, qui a quelques partisans intéressés, serait le plus extrême de la faiblesse et de l'imprévoyance.

Ce serait voir les choses uniquement comme de simples marchands qui se jettent inconsidérément sur les points qui offrent quelques bénéfices au risque des événemens, et non en hommes d'Etat qui doivent donner au commerce une route sûre et profitable, et même la faire convoyer par la force, si cela est utile.

Dans cette affaire, les meilleures dispositions ne sont pas encore suffisantes, si elles ne portent avec elles la conviction, et ne déterminent la confiance. Aussi, pour produire cet effet et refouler vers le néant tous les subterfuges d'une fausse doctrine, avons-nous insisté *sur la ratification de la liberté des personnes de toutes couleurs, habitant la Colonie* « La population, » disions-nous, se réunira spontanément à ce » bienfait qui, émanant du Roi, s'insinuera facilement dans tous les cœurs par la reconnaissance. Les oppositions, de quelque côté » qu'elles viennent, ne sont plus alors à craindre : tous les droits, toutes les espérances se » trouvent garantis par la conservations de tous » les intérêts nés des évenemens. » C'est la pierre de touche qui doit faire juger la bonne foi.

Cette déclaration est l'un des plus beaux attributs de la souveraineté ; elle est nécessaire, et ne peut être refusée. Il faut guérir la bles-

sure et cruelle et profonde, faite à des hommes
exaspérés par les instructions dont les premiers
commissaires furent porteurs. Celles données
aux seconds étaient loin , sans doute, de contenir les moyens capables de remédier à un mal
si grand, si même elles n'y ont pas ajouté.

La Compagnie étant le pivôt du nouveau
Systême, embrasse des moyens plus certains,
plus étendus, plus appropriés aux circonstances.
Nous avons démontré que cette opération ne
peut être remise, ni confiée en d'autres mains,
malgré les préventions élevées contre les priviléges de cette nature ; préventions que detruit la
force impérieuse de la raison d'état, et que repousse également l'utilité appuyée de l'expérience.

Cette association exige une mise de fonds
considérable. On ne peut la remplir qu'avec le
concours des particuliers. Les Colonies sont les
domaines du commerce ; il les exploite à son profit ; et devant en retirer de plus considérables du
rétablissement de ses liaisons avec Saint-Domingue, c'est évidemment à lui à se charger
des dépenses qu'entraînerait cette entreprise.
Appelé à en discuter les moyens, à en diriger
l'exécution, devenant l'inspecteur et l'administra-
teur de ses propres intérêts, il n'a aucun obstacle
à rencontrer, pas même ceux que, fréquemment

fait naître l'inexpérience. Ses ressources ali-
mentées par son crédit, lui donnent des facilités
que ne pourrait se procurer le Gouvernement.
C'est le laisser faire librement qui fait sa garantie.

Par sa composition la Compagnie forme un
corps respectable; elle est constituée par le
projet dans l'indépendance qui lui appartient,
pour diriger ses opérations. On lui donne une
consistance que réclament et l'étendue de ses
obligations, et la considération dont elle doit être
environnée en Europe et en Amérique. La Colonie n'ayant point à redouter ses projets d'a-
grandissemens qui se bornent à vendre et à ache-
ter, s'en rapprochera sans crainte et avec empressement, et les rapports de commerce se
changeront bientôt en rapprochement d'amitié.
Son organisation est tracée dans ce but; tous les
intérêts y sont pesés et balancés. Elle a pour
mission particulière de représenter les propriétaires de la Colonie, d'être chargée de l'administration de leurs biens, de suivre leurs réclamations auprès des chefs, de s'entendre avec eux
par voie de conciliation, pour tout ce qui concerne leurs intérêts qui sont d'ailleurs stipulés.

Une administration, telle que celle-ci est
réglée, dont les succès sont essentiellement liés
à ses intérêts, répond de la sagesse et des lu-

miéres qui la dirigeront; elle aura bien plus de crédit et d'influence pour traiter les affaires que des particuliers isolés, sans appui, sans confiance, qui ne seraient reçus dans la Colonie, que pour en être éconduits sous le plus frivole prétexte. En quelles mains plus sûres les propriétaires pourraient-ils, dailleurs, remettre le sort des espérances qui leur restent?

La Compagnie, en prospérant, fait prospérer la Colonie, et cette prospérité commune devient une nouvelle garantie des droits de la couronne.

Ce mode évite, au surplus, de mettre en présence les anciens et nouveaux titres, les vieilles et nouvelles prétentions, et des intérêts tellement opposés qu'on ne peut espérer de les réunir et de les fondre, qu'avec le concours du temps, de la modération et de la justice. Enfin cette précaution préserve surtout du danger de remuer, par de nouveaux bouleversemens, cette terre combustible qui s'embrâse aux passions des hommes.

Généralement, on a partagé les espérances que nous avons conçues de ce mode; on s'y est laissé d'autant plus facilement entraîner, qu'il éloigne la crainte de voir cette terre devenir le théâtre de nouvelles scènes d'horreur et de sang, et que nos vues sont, à la fois, conformes, et à la sagesse du Gouvernement, et à la dignité qu'il doit conserver.

L'ouvrage contient des renseignemens qu'on n'avait point sur cette Colonie, et qui servent d'appui au Système. Il en présente le tableau moral, politique et statistique, celui de ses forces, de sa population, de ses revenus, et des nuances de caractère, de positions observées entre l'un et l'autre parti, l'une et l'autre population, entre les deux chefs et entre les deux formes de gouvernement qui la divisent, nous avons fait sentir la nécessité de laisser subsister cette division, et le danger de favoriser un parti au détriment de l'autre. Le protecteur doit tenir la balance égale entre les deux compétiteurs, et éviter des déchiremens aussi désastreux que l'emploi des armes : il agirait contre ses intérêts d'agrandir l'influence de celui qui serait favorisé.

Au surplus, l'un et l'autre parti resteront liés et opposés à la France, tant que le Gouvernement n'aura pas posé les bases certaines, publiques et irrévocables des rapports qu'il veut établir et suivre avec Saint - Domingue. Jusque-là, il ne doit rien en attendre, ou ne s'attendre qu'à perdre un temps précieux en négociations oiseuses, qui compromettraient son pouvoir. Les deux chefs se garderaient bien, non - seulement d'accueillir, mais encore de

prêter l'oreille à des propositions qui ne stipuleraient pas des droits en faveur de la population et de l'armée. Mais ces droits une fois
arrêtés et connus, ces chefs ne sont pas assez
puissans pour s'y opposer ; ils sont même trop
prudens pour l'essayer.

L'un des désirs qui agitent le plus violemment
le cœur de l'homme, est celui de pouvoir jouir,
en paix, des biens et des honneurs acquis, après
avoir affronté de grands périls ; et cette paix,
pour tous, ne peut être obtenue qu'autant que
la France sera satisfaite ; de même elle ne le
sera à son tour, que lorsqu'elle aura garanti
et assuré ces mêmes biens, la sûreté et la
liberté de tous, comme un terme à toutes les
révolutions.

Ces considérations se tirent de la connaissance
du cœur humain : elles n'admettent ni exception
ni modification par rapport aux habitans de la
Colonie. Si elles doivent être la règle de toutes
les mesures, il n'est pas moins utile de les lier
en ressort moral et puissant, pour les mettre en
action.

Depuis la déplorable expédition, les événemens qui en ont été la suite, les rapports nécessaires et fréquens qu'ils ont ouverts avec les
étrangers, l'interruption des communications
amicales avec la Métropole, le renouvellément

de principes erronés, récemment et impolitiquement manifestés : ces motifs , unis à tant d'autres,
d'accord avec le temps qui détruit tout , ont dû,
chez les hommes, y affaiblir sensiblement le
crédit de la France , et même chaque jour con-
tribue à en faire perdre le souvenir ; mais il s'est
conservé dans un certain degré chez les femmes,
pour qui un Français est un être supérieur aux
autres Européens : et à Saint-Domingue , il faut
le dire , comme dans les autres Colonies , les
femmes créoles, en général, blanches ou autres,
se sont distinguées dans les événemens qui s'y
sont passés , par un esprit de douceur et de modération , que l'histoire placera à côté du dévouement sublime des Françaises sous la terreur.
Les Créoles, contentes du bonheur d'aimer et de
plaire , et guidées par ce sentiment intérieur de
la nature , qui dicte à leur sensibilité qu'elles
sont appelées à adoucir les passions des hommes,
au lieu de les irriter, n'ont jamais secondé les
fureurs des partis. La tendre humanité, triom-
phant même de l'orgueil et du ressentiment , a
toujours protégé et secouru le malheur, sans en
examiner la cause.

Les femmes noires et de couleur de Saint-
Domingue ont eu d'heureuses et fréquentes oc-
casions de pratiquer cette vertu. Tous ceux qui
ont habité les Colonies , savent d'ailleurs qu'elles

mettent, au premier rang de tous les devoirs, l'exercice de la plus douce hospitalité, et du dévouement le plus absolu aux Français.

On observe aussi que, sous ce climat brûlant où la jalousie y est aussi plus impétueuse, elle n'éclate jamais dans leurs âmes qu'en reproches, ou elle s'éteint dans les larmes ou s'oublie dans une infidélité réciproque : c'est là où se borne la vengeance.

Mais si ces femmes qui ont à Saint-Domingue la même influence dont les autres jouissent ailleurs, conservent cette prédilection pour les Français; s'il est encore possible de leur faire désirer d'en être les esclaves par le cœur, le moyen infaillible de rompre cet attrait et de les faire renoncer à ces sentimens, serait sans doute celui de leur montrer, pour récompense, la perspective d'y porter des fers pour enchaîner leurs personnes et agir en opposition manifeste avec les égards bien différens qu'elles reçoivent de rivaux moins exigeans ou plus adroits.

Le nouveau Systême de Colonisation diffère encore, en des points essentiels, des ouvrages qui ont été publiés sur les Colonies dans un sens trop général en faveur de leur indépendance; ouvrages néanmoins qui ont obtenu du crédit et de la célébrité du nom de leurs auteurs, et des discussions qui en ont été la suite dans les journaux.

Mais plus particulièrement livré à l'étude de la politique des Gouvernemens qui y possèdent, et des avantages qu'ils retirent des Colonies, nous avons cherché, au contraire, à placer des étais assez forts pour arrêter l'écroulement de l'édifice colonial qui menace ruine, et d'encombrer de ses débris les ports d'Europe, notamment ceux de la France, si son commerce était privé de cette ressource.

La Martinique et la Guadeloupe, colonies trop circonscrites en territoire, en population et en revenus, ne peuvent suffire à son activité et à l'étendue de ses moyens; il s'y nuit à lui-même par la concurrence; il vend à bas prix, et il y achète à un taux élevé. Les manufactures de la Métropole se ressentent de cet encombrement. Le cours des denrées coloniales ne se maintient en France que par le concours des importations étrangères et des droits auxquels elles sont assujetties; le commerce est enfin borné à une somme fixe d'importation et d'exportation avec ces deux îles, dont la paix seule maintient la possession, et qui se perd au premier coup de canon d'alarme, si l'on observe la position de la Martinique, qui seule ayant un port pour y recevoir de gros vaisseaux, peut être facilement bloquée, et qui ne peut être mise à l'abri du danger que par une force maritime supérieure dans ces mers.

Nous ne pouvions donc donner une preuve d'un plus grand zèle, qu'en travaillant à préparer au commerce le retour d'une Colonie qui a fait autrefois sa prospérité, et qui peut y contribuer encore si puissamment, puisque de nouveaux événemens lui ouvrent aujourd'hui des débouchés qu'elle n'avait point alors ; avantages qui n'ont pas suffisamment été compris.

Pour y parvenir, nous nous sommes arrêtés au point juste qui distingue et définit l'indépendance du régime intérieur dont les Colonies peuvent sans doute désirer de jouir, et qu'il faut leur abandonner, de l'indépendance de la souveraineté qui appartient aux Métropoles. Cette définition était nécessaire : on ne saurait trop rendre cette vérité sensible et la démonstration publique. En effet, c'est avec les trésors, l'industrie, les lumières, par trois siècles de travaux, par le sacrifice d'une partie de leur population, que les Gouvernemens d'Europe ont élevé ces Colonies à la splendeur où elles sont parvenues. Quelle serait leur garantie à l'avenir, s'il dépendait d'une insurrection de les dépouiller ?

Par rapport à Saint-Domingue, cet envahissement n'aurait pas même pour prétexte le motif d'une reprise de possession , dont la force se serait antérieurement rendue maîtresse sur des droits préexistans, appartenant aux naturels de l'Ile , et qui peuvent se perdre de la même manière qu'ils ont été acquis. L'indépendance de l'Amérique du nord et celle qui se poursuit dans l'Amérique méridionale , en sont des exemples. Mais les habitans actuels de Saint-Domingue n'ont pas un tel titre en leur faveur; ils ont été transportés d'Afrique sur cette terre , ou proviennent de cette origine ; ils remplacent , mais ils ne descendent pas des indigènes ; et ne succédant pas à ces droits primitifs , ils n'en ont aucun à la souveraineté ; ils ne peuvent la retenir qu'à l'aide de circonstances forcées.

Le légitime propriétaire de ce droit ne pourrait même s'en dessaisir qu'en vertu de traités avec des Puissances qui l'y obligeraient; et même sous un gouvernement constitutionnel , la cession ou l'aliénation d'une partie de territoire exige le concours de la législation; mais le souverain peut modifier et limiter, dans les Colonies qui sont hors de la constitution , l'exercice de son pouvoir, à de certaines conditions et restrictions qu'il juge convenables.

En étendant les mêmes principes, nous en avons tiré la conséquence qui en découle naturellement : « que c'est au souverain à tracer ,

3

» à fixer les conditions qu'il **accorde**; que celui
» qui a le droit de donner, a seul le droit d'éta-
» blir la réciprocité des obligations qu'il exige
» à titre de reconnaissance ». C'est ce que détermine le Systême.

Cette faculté, reconnue appartenir au pouvoir
souverain, engage le gouvernement métropoli-
tain qui l'exerce, à dédaigner l'emploi de moyens
douteux , incertains, et de négociations par
commissaires toujours sans résultat , souvent
dangereuses, ainsi qu'on l'a vu quand elles ne
sont pas précédées de stipulations fixes , éclai-
rées et sanctionnées par l'opinion publique.

C'est ainsi seulement et avec cette noble
confiance, caractère de la sincérité et de la puissance, qu'il appartient à une métropole de traiter
ter avec une Colonie qui toujours semble craindre quelques pièges , même en recevant des
bienfaits.

Il importait peut-être plus qu'on a pensé,
d'approfondir cette question qui intéresse également les états possesseurs de Colonies. Il fallait surtout éclairer la population de Saint-Domingue qui juge, sans doute, la possession sans
titre, comme équivalent à la propriété légale,
le silence de la France pour l'abandon tacite
ou obligé de ses droits, et les propositions faites,
dans un moment d'exaspération, pour les ef-

fets réfléchis d'un parti irrévocablement pris.
Enfin il fallait calmer des esprits aussi irrités
qu'irritables.

Un ouvrage contenant des vues aussi sages,
et des principes de droit public aussi positifs sur
une matière de l'importance de celle-ci, qu'aucune circonstance semblable n'avait encore pré-
sentée à l'examen des publicistes, était donc nécessaire, et acquérait un degré d'utilité de plus,
du soin scrupuleux qui a été pris, afin qu'il pût
être lu et médité avec fruit dans la Colonie ;
c'est-à-dire que, n'ignorant ni les scrupules, ni
les préjugés des habitans, ni leur excessive
susceptibilité sur tout ce qui s'imprime à leur sujet, quoique n'attachant de prix qu'à cette publicité, tous les ménagemens ont été gardés
afin de ne froisser et de ne blesser aucun amour-
propre, même en lui adressant des vérités sé-
vères. Nous avons eu aussi pour objet de tourner leurs espérances vers la France et son Roi,
disposés à les traiter plus favorablement que
n'avaient d'abord paru leur annoncer les premières tentatives.

On n'avait pas assez observé que cette Colonie méritait plus de discernement dans le choix
des moyens, et peut-être dans celui des agens
qui devaient les diriger. En effet, elle n'a subi
le joug d'aucune puissance étrangère : attaquée

à la fois, et par leurs armées, et par des troubles intérieurs , elle s'est soutenue pendant douze ans par ses propres forces, par son énergie, tirée de son dévouement à la France, en reconnaissance de la liberté qu'elle lui avait accordée.

Le dernier Gouvernement, trompé sur ce point, comme il l'a été sur tant d'autres, a employé, pour fléchir son courage, révolter ses sentimens, et renverser l'appui que cette situation nouvelle donnait à la France en Amérique, une armée composée des plus redoutables troupes ; et c'est de sa défection, causée par les maladies, le climat et la division des chefs qui la commandaient, comme par les combats, que date sa séparation avec ce gouvernement, pour se soustraire à l'esclavage et au sort impitoyable qui lui était réservé.

Cet état de chose devait entrer pour un grand poids dans les dispositions qui pouvaient la rattacher sans secousses, aux destinées nouvelles de la France.

L'avénement du Roi en rendait l'exécution facile: S. M. était étrangère aux causes de la scission; elle signalait son heureux retour par l'établissement de la liberté publique en France; Saint-Domingue voyait, surtout avec une joie particulière, un tel événement qui lui promettait des jours tranquilles. Ces considérations n'avaient point échappé à la profonde politique de l'homme d'Etat, qui occupait à cette époque le Ministère de la marine. M. le Comte Beugnot, éloignant les passions et les préjugés qui égarent, avait préparé cette réunion si utile à l'Etat. On verra, par la lettre que Son Excellence a bien voulu nous écrire, combien nous devons attacher de prix et d'honneur, à nous trouver d'accord sur les points principaux du Systême, avec les vues d'un Ministre dont la sagesse est connue dans les conseils du Roi, et dans ceux de la Nation. La catastrophe du 20 mars mit obstacle à l'exécution de ce plan ; elle devint par là également fatale aux affaires de la France dans les deux mondes.

Ainsi lorsque la France jouissait de toute sa puissance, soutenue d'une armée si terrible à la guerre, si docile dans la paix, plutôt abandonnée de la fortune que vaincue, des ménagemens avaient été jugés indispensables.

L'expérience, en donnant ce conseil, rappelait les efforts prodigieux qu'avait supportés pendant vingt-cinq ans cette Colonie, alors même qu'elle était dans l'enfance, qu'elle essayait ses forces vers la liberté. Il n'était donc pas naturel, après les événemens de 1815, lorsqu'elle était devenue majeure, émancipée, réunie, organisée, maîtresse des arsenaux, des ports et de toutes es places, de proposer à la population de rentrer dans l'esclavage, de reprendre ses chaînes, et à l'armée de quitter les armes pour se soumettre au fouet, et d'orner son supplice de ses trophées ; il n'était pas naturel d'ajouter la menace, de la contraindre à cette résignation, après les malheurs éprouvés en France à cette époque, et ceux causés antérieurement à Saint-Domingue par cette cruelle tentative, dont il ne serait peut-être pas permis, pour l'honneur de l'humanité, de renouveller deux fois la trop déplorable et sanglante épreuve (1).

Il n'était pas moins extraordinaire de promettre des lettres de *blanc* à ceux des noirs qui se soumettraient à ce sort, et seconderaient l'asservissement général.

On peut bien donner les mêmes droits à un noir qu'à un blanc, mais on ne connaît pas de moyens capables d'opérer la métamorphose de changer un noir en blanc.

Mais ce qui a le plus irrité, c'est la fixation d'une catégorie d'un genre nouveau, calculée sur la plus ou moindre partie de sang blanc ou noir circulant dans les veines de chaque individu, à laquelle on accordait l'expectative de quelque adoucissement, si toutefois le dé-

_____

(1) Instructions données par feu M. Malouet aux agens envoyés par ce ministre, à Saint-Domingue, insérées dans la bibliothèque historique.

vouement égalait la quantité de ce sang blanc; de manière qu'il aurait fallu inventer un hemamètre pour déterminer ce degré et les droits de chacun (1).

C'étaient les vieilles erreurs d'un vieillard malade, que doit faire excuser la pureté du zèle qui les suggérait.

Ces premières ouvertures ont frappé d'étonnement, elles ont détourné les esprits les plus disposés dans la Colonie à saisir l'occasion de l'unir à la France, de la replacer avec sécurité sous l'égide d'un Roi philosophe, l'ami et le père de ses sujets ; elles ont non-seulement augmenté les difficultés, mais encore excité une telle méfiance, qu'on ne peut espérer la vaincre que par de plus grands sacrifices, et par un changement ostensible dans les principes, et dans les ressorts qui ont agi, plus praticable aujourd'hui que les passions calmées restituent à la raison son empire et son influence, et qu'elles laissent la faculté de se livrer au soin particulier de réparer les erreurs commises. Il faut surtout admirer l'inébranlable fermeté du ministère à refuser l'emploi de moyens violens pour soutenir ces mêmes erreurs.

» Il est certain que Saint-Domingue suc-

_____

(1) Mêmes instructions.

» comberait, infailliblement, sous le poids des
» forces de la France : c'est le nœud coupé
« de la difficulté. Mais après le succès, qui
» y trouverait-on? Des cadavres et des cen-
» dres. C'est une triste conquête. Il n'y a plus
» moyen de réparer les pertes. L'abolition
» de la traite des Noirs y met un obstacle
invincible (1). »

En supposant une exception à ce triomphe
de la raison, en deux siècles on ne réussirait pas
à rétablir la Colonie dans l'état où elle se trouve.
La France n'est pas assez riche pour supporter
de nouveaux sacrifices de ce genre, et les
mêmes causes améneraient toujours les mêmes
résultats.

La Colonie ne saurait se prévaloir néanmoins
de ces considérations, et en faire l'appui de sa
résistance : elle s'exposerait, comme on l'a re-
marqué, à des dangers imminens, et à être troublée sans cesse ; car l'humanité se tait quand le
devoir commande. Une nation se croit dégagée
de garder des ménagemens lorsqu'on n'en garde
point envers elle. S'il est de la sagesse et de la
véritable grandeur d'un Gouvernement d'écarter cette frivole susceptibilité, qui le montrerait

(1) Système de Colonisation.

pointilleux, de respecter les droits des sujets et l'indépendance des autres, toutefois, c'est de l'attitude qu'il prend, qu'il impose le devoir de respecter la sienne.

La force morale que lui donne une grande réputation de justice, centuple sa force publique; mais aussi, plus il se montrerait trop bon, ou trop impassible, plus il supporterait de griefs directs ou indirects, plus ses voisins, même les plus faibles, se croiraient le pouvoir de l'en accabler.

Il n'y a point de nation faible quand elle est unie; un gouvernement est toujours fort, toujours puissant quand il s'appuie de la nation, qu'il marche avec élle. De ce principe vrai, reconnu par le trône, est sortie la Loi sur le recrutement de l'armée; cette loi est le palladium de son indépendance et de ses droits : c'est l'un des actes les plus mémorables du ministère. Il a posé le fondement d'une armée Nationale. Le maréchal Gouvion-Saint-Cyr, en la proposant, et en la soutenant avec une si noble dignité, ne s'est pas moins acquis de gloire à la tribune, que dans les nombreux champs de bataille qu'il a traversés ; et comme tout se lie, elle a déjà produit quelque sensation à l'égard de Saint-Domingue, dont on peut prévoir l'utilité.

Un agent, plus au moins accrédité par cette Colonie, qui se trouvait alors à Paris, observait cet élan national, avec une surprise mêlée d'intérêt; il observait aussi confidentiellement, que la Colonie ne craignait pas d'être asservie; que tout était disposé pour prévenir cet événement, ou en rendre au moins l'effet inutile par la dévastation et l'incendie; mais qu'elle savait également que le commerce de France ne pouvant se passer de cette possession, elle devait s'attendre, tôt ou tard, à être attaquée; qu'elle n'avait de moyens de se garantir de cette secousse violente, qui entraînerait également la ruine des personnes, qu'en suivant son penchant pour la France, si elle en était favorablement traitée; que le sort que lui assignait le nouveau Systême, était si non tout le sort qu'elle désirait, mais au moins celui qui se rapprochait le plus de ses vœux, sauf les restrictions qu'indiquait cet agent, ainsi qu'il est d'usage dans ces sortes de transactions, quand on en a une fois établi les bases.

Il était facile, en combattant quelques prétentions, de fortifier, par des raisonnemens sans replique, que la Colonie devrait être satisfaite, par les avantages immenses fixés en sa faveur par le Systême.

On exposait que la Colonie, refusant de se

soumettre aux concessions qui lui seraient faites ;
déclarait alors ouvertement sa rébellion; ce que la
France ne considérait point encore comme·telle,
parce que rien n'avait été réglé jusqu'ici à son
égard, et se bornait à des *pour-parlers* avec
des commissaires qui ne pouvaient avoir d'autre
mission avouée ; que la Colonie était vulnérable
sur tous les points ; que l'étendue de ses côtes
était partout d'un abord accessible ; que les concessions favorables à la population, honorables
pour l'armée et pour ses chefs, la diviseaient
infailliblement, si même l'une et l'autre ne pas-
saient, spontanément, du côté de la France ;
qu'il n'était pas naturel qu'un peuple refusât de
tenir et sa liberté et ses droits de son Souverain ;
que cette cession, émanant du roi de France,
aurait toujours, et nécessairement dans l'esprit de
tous, une vertu et une influence toute particulières ; que, par-là, on diminuerait, singulièrement, les malheurs qu'on désirait par dessus
tout prévenir ; et qu'enfin, dans l'hypothèse de la
résistance, le Gouvernement n'agirait pas seulement avec ses propres forces, mais qu'il serait
alors secondé par celles de la Compagnie qui
tirerait des ressources, toujours nouvelles de son
crédit ; que des armemens, sortis de tous les
ports, fondraient sur la Colonie et l'assailliraient,
car n'étant reconnue par aucune puissance,

chaque Français, même isolément, aurait le droit de lui disputer le territoire et la souveraineté qu'usurpaient les chefs.

On ajoutait qu'il ne fallait pas juger du temps présent par le passé ; que si la paix ne pouvait être de longue durée sous le dernier gouvernement, qui rendait la guerre un état de précaution nécessaire puisqu'il voulait tout envahir, la paix actuelle, s'affermissant chaque jour davantage par la liberté, par la confiance qu'inspire le Gouvernement royal, sa stabilité permettrait de suivre les opérations qu'il aurait une fois entamées ; qu'il consentirait, peut-être, à faire aujourd'hui ce qu'il ne ferait pas plus tard ; que la protection de souveraineté, réservée à la France, loin de nuire aux droits accordés à la Colonie, les consoliderait ; qu'obtenant des sacrifices aussi grands, il ne lui appartenait pas d'examiner s'il lui était plus ou moins avantageux d'être obligée de reconnaître les priviléges du commerce français ; qu'une transaction de cette nature ne devait être envisagée que dans la stabilité du sort qu'elle assurait à la Colonie, en le comparant à sa situation passée, et à celle dans laquelle elle serait encore menacée de retomber par un refus obstiné ; que la Colonie ne devait pas compter être secourue par aucune puissance, toutes entièrement désintéressées

dans cette affaire ; que leur politique ne pouvait considérer la situation de Saint-Domingue
du même œil que les révolutions du continent
Américain, qui, par sa population, par son étendue, peut être divisé en grands Etats puissans,
et donner lieu à des intérêts d'un ordre plus
élevé ; qu'il ne sera jamais dans l'intention de ces
puissances d'établir dans l'Atlantique, comme
il existe dans la Méditerranée, de petits états
qui, ne pouvant s'élever à une certaine grandeur nécessaire pour soutenir leur indépendance, et dérangeant ainsi les liens qui doivent
unir les gouvernemens réguliers, deviennent,
avec le temps, des peuples insoumis, hors de la
civilisation, qu'il faut subjuguer, ou auxquels il
faut payer des tributs ; que le pavillon des étrangers qui fréquentent les ports de la Colonie, ne
saurait être un motif de sécurité pour elle ; que
si elle devait en être protégée, son sort serait
déjà fixé ; qu'elle était sans signe distinctif de
reconnaissance, par conséquent privée de l'honneur d'être classée parmi les Gouvernemens
avoués, ce qu'elle ne doit jamais attendre, non-
seulement de l'intérêt, de la politique, mais
encore de cet esprit de justice qui tire son origine
des égards que les Monarques se portent entr'eux,
lorsqu'ils sont en paix ; qu'il n'y avait que la
France qui pût lui convenir comme protectrice :

que c'était elle qui lui avait confié des armes
pour sa défense, qui avait élevé sa population,
partout ailleurs encore avilie, aux grades militaires et aux honneurs; qu'elle lui assurait enfin
le sort le plus heureux et le plus beau, en la
recevant comme tributaire, et en assignant un
rang honorable aux deux Gouvernemens dont
se compose la Colonie.

La justesse de ces réflexions produisit sur
l'Agent la plus profonde impression : il est parti
dans ces sentimens de conviction. On sait indi-
rectement aujourd'hui que lorsque ce système
a été connu à Saint-Domingue, il y a opéré le
plus heureux effet. Les esprits ont été calmés ;
on en a tiré des inductions favorables des nouvelles dispositions de la France à l'égard de la
Colonie. Cet effet eût été plus grand, plus général, plus soutenu, si on ne l'avait pas amorti
en France, s'il y eût été secondé par l'opinion, et
par les moyens qui étaient indiqués.

Le commerce maritime du Royaume, juge
compétent en cette matière, puisqu'il doit être
chargé de supporter les dépenses de l'entreprise,
avait conçu de ce mode de rapprochement les
plus flatteuses espérances. La chambre de commerce de Marseille exprime noblement le vœu
motivé, qu'il fixe l'attention du gouvernement
du Roi ; mais, ainsi que Saint-Domingue, le

commerce attendait, pour se prononcer, de connaître l'opinion publique qui aurait donné plus d'activité à l'expression de son adhésion, et cette expression, communiquée à Saint-Domingue, eût suffi pour y préparer les esprits à ce changement désirable.

Mais l'ouvrage, quoique réduit à la discussion simple d'un acte d'administration publique pour régler la forme de celle d'une Colonie, et rouvrir au commerce la route perdue de son ancienne prospérité, *a été absorbé par la défense faite aux journaux d'en parler en aucune manière*, réclamée par son excellence le comte du Bouchage, alors ministre de la Marine et des Colonies, sans en donner connaissance à l'auteur, et sans autre motif présumé que celui qu'il pouvait nuire aux négociations que ce ministre se proposait de suivre avec cette Colonie, et peut-être le crédit qu'on supposait à l'auteur y conserver encore.

Son excellence le ministre de la Police générale avait, dès le principe, retiré l'ordre réclamé et donné de saisir l'ouvrage; mais ne pouvant, sur des prétextes politiques, ne pas avoir égard à la demande de celui de la Marine, *l'ordre portant défense aux journaux d'en parler, et même de l'annoncer, a été substitué à la saisie.*

Néanmoins les seconds commissaires envoyés
à Saint-Domingue étaient, depuis long-temps,
de retour de leur mission. On en connaît les
tristes résultats ; de plus heureux n'annoncent
pas qu'il en ait été envoyé d'autres, les choses
étant restées dans le même état.

Ainsi ont été écartés de long travaux, les
fruits d'une expérience consommée, et l'espérance la mieux fondée, d'avoir écrit dans l'intention d'indiquer la manière de s'y prendre
pour arracher, sans déchirement, de cette affaire, l'épine dangereuse qu'elle présente, et
que deux opérations successives et manquées y
avaient enfoncée.

Néanmoins l'auteur n'a fait éclater aucunes
plaintes ; il s'est même abstenu de mentionner
cette circonstance singulière dans la pétition
qu'il a adressée à la Chambre des Députés. Il
savait que le ministère éprouvait, à cette époque,
des embarras dans son sein ; qu'il avait des intérêts plus rapprochés qui devaient l'occuper davantage, quoique celui-ci, après la libération
de la France, soit l'un des plus importans. Il a
gardé le silence. Aujourd'hui le ministère, dé-
barrassé de ces entraves, a pu seconder et suivre
les progrès de la raison publique; et les circonstances étant changées, cet heureux changement
promet de voir l'encouragement succéder à ce

dénigrement employé contre toutes les idées élevées, et la vérité déchirant ces voiles tissues de fers, dans lesquelles on la retenait captive, n'en sortira que plus éclatante.

Il est, d'ailleurs, des dispositions sur lesquelles le Gouvernement ne peut prendre l'initiative ; il doit l'abandonner à ceux qui ont fait une étude particulière de la partie qu'ils traitent, pour mieux en apprécier l'effet par l'opinion.

La défense, néanmoins, a été renouvelée depuis le changement de M. du Bouchage, à l'occasion d'un article que la censure avait cru devoir laisser passer dans le journal des *Débats* (1), présumant que ce changement, remarquable surtout par les principes et les vues politiques de son successeur (2), levait de droit une interdiction sans objet, et en opposition à ces mêmes principes.

L'ouvrage a continué d'être mis à l'index avec une telle sévérité, qu'aucun des journaux n'a cru devoir seulement annoncer que la Chambre des Députés en avait agréé l'hommage, quoique ce fût un acte public, indépendant de cette branche de la législation.

_____

(1) 29 juillet 1817.

(2) Le Maréchal Gouvion Saint-Cyr.

4

Dans le même temps, les journaux n'étaient remplis que d'articles rendant compte ou discutant des ouvrages favorables à l'indépendance des Colonies; et par une contradiction que rien ne peut expliquer, on condamnait à l'oubli un traité des droits des Métropoles sur leurs Colonies, qui non-seulement présente des données capables de renouer les relations de la France avec Saint-Domingue, mais encore qui ne renferme, en quelque sorte, que l'expression des vœux de la Colonie pour effectuer cette réunion.

Tout systême, sans doute, est soumis à l'opposition : c'est le sort des découvertes utiles d'exciter les passions de la vanité, blessée de n'avoir pas trouvé les mêmes moyens; mais on peut dire, à cette exception près, qu'aucun systême n'a reçu un assentiment aussi unanime.

D'abord, indépendamment de son opinion, Son Excellence le duc d'Aumont (1) n'eut pas présenté l'ouvrage au Roi, s'il ne l'eût jugé digne d'être soumis à Sa Majesté.

Malgré l'influence qu'on peut avoir exercée sur certaines chambres du commerce, on voit que les principales de ces places se montrent, autant qu'elles ont pu le faire, disposées à se-

(1) Lettre de Son Ex. le duc d'Aumont à l'auteur.

conder cette opération. Bordeaux et Marseille ;
qui n'ont pris aucune part à la traite des Nègres,
qui ne conservent ni le regret d'avoir perdu ce
commerce, ni le désir secret de s'y livrer encore,
ont reçu ce projet avec reconnaissance; et Marseille se prononce ouvertement en sa faveur (1).

Bordeaux avait annoncé qu'il s'occupait de
présenter quelques observations au Systéme (2).
Leur suppression a laissé craindre que cette
place n'ait été engagée à rallentir son zèle, si
on examine l'étendue des avantages accordés à
cette ville par le Systême, avantages dont elle ne
peut être dédommagée, sans doute, par l'expédition annuelle de cinq à six bâtimens pour
Saint-Domingue, sous pavillon neutre.

Nantes n'a pas moins été pénétrée de la nécessité de s'occuper de Saint-Domingue pour la
prospérité du commerce (3).

Tel est, d'ailleurs, l'effet des vertus publiques
sous un Gouvernement représentatif : tel est
leur ascendant dès qu'il s'agit, ou de l'honneur du trône, ou des intérêts de la patrie, que toutes les nuances d'opinions, aper-
çues parmi les membres de la législation, dis-

(1) Lettre de la Chambre de Commerce de Marseille.
(2) Lettre de la Chambre de Commerce de Bordeaux.
(3) Lettre de la Chambre de Commerce de Nantes.

paraissent devant ces grands mobiles de leurs affections ! aussi tous ont-ils fait des remerciemens à l'auteur d'avoir jeté un aussi grand jour sur une question restée jusqu'ici embrouillée, de leur avoir donné des espérances auxquelles ils n'osaient plus se livrer, dans la conviction de l'importance de ce travail, digne de fixer l'attention du Gouvernement.

La commission des pétitions de la Chambre des Députés, partageant la même opinion et le même enthousiasme; après avoir entendu l'auteur, a examiné et discuté s'il n'était pas de son devoir de soumettre à la Chambre un rapport préparatoire à cet objet; mais considérant que la session était trop avancée, la Chambre, trop occupée d'autres objets importans, et craignant que la Colonie, qui n'aurait pas connaissance de ces motifs, pût mal interpréter les sentimens de la Chambre, si l'ordre du jour était réclamé, la commission a pensé toutefois qu'elle devait suppléer à ce qu'elle ne pouvait faire dans ce moment, en arrêtant que son président se rendrait chez le ministre de la Marine et des Colonies, pour lui faire part des observations que suggéraient à ses membres les vues du nouveau Système, et des motifs d'une démarche aussi patriotique.

Si les principes dans lesquels est écrit l'ouvrage, si le Système qui en dérive, a obtenu cette réunion de suffrages aussi respectables, sans autre recommandation en sa faveur que la conviction personnelle et le sentiment de ce qui est utile, ou plutôt malgré la défaveur que le silence commandé aux journaux semblait devoir élever ; si des publicistes distingués se proposaient de soutenir ces principes ; si, généralement les hommes de lettres, appliqués à la rédaction des journaux, avaient, dans le même sens, préparé des articles favorables, on peut en conclure que l'ouvrage ne méritait pas le sort qu'il a éprouvé, et qu'il donne l'occasion de remarquer tout le danger de limiter, jusqu'à ce point, la liberté de la presse. Car ce pouvoir n'est pas uniquement réservé au Ministre de la Police générale, comme il aurait dû l'être ; les autres Ministres exercent la même attribution, transmissible peut-être encore à des agens ministériels. Voilà la source du mal, voilà l'abus qui a frappé plus directement l'ouvrage qui, sans doute, contrariait les vues de la Direction des Colonies.

Enfin, ce qui tranche la question en faveur du Système, c'est que les propositions principales qu'il renferme, sont en harmonie avec celles soumises, en 1815, au Conseil du Roi, par M. le comte Beugnot, en sa qualité de Ministre de la Marine et des Colonies.

Cette concordance heureuse doit faire paraître toujours plus étrange que ce département ait condamné, deux ans après, des principes professés et avoués au Conseil du Roi, et qu'il leur ait fermé tout accès, tous les moyens de pouvoir être connus. Cependant ces documens existaient à la Direction des Colonies, qui a dû avoir, nécessairement, sur les deux précédentes et malheureuses tentatives, la même influence qu'on lui suppose avoir exercée dans l'affaire dont il s'agit.

Si quelque chose pouvait, au surplus, donner une véritable importance au Système, ce serait, sans contredit, les efforts constans et persévérens, employés à l'étouffer.

En effet, le renouvellement de la défense qui a eu lieu sous M. le Maréchal Gouvion Saint-Cyr, qui n'a fait qu'une relâche de quelques momens à la marine, pour aller jeter l'ancre d'espérance à la guerre, ne peut être attribuée à ce Ministre. Il est trop supérieur à ces petits moyens, trop éclairé pour s'arrêter à un parti qui s'écarte de la justice, et qui s'approche d'une intolérance inquisitoriale. Son Excellence le Maréchal avait, au contraire, écrit à l'auteur pour le féliciter de son travail, qu'il considérait être de la plus haute importance, et lui proposer de l'appeler lorsqu'il s'occuperait de cette affaire majeure. La Direction des Colonies a donc encore agi en cette circonstance.

On ne peut pas attribuer davantage la continuation de la même surveillance à Son Excellence le comte Molé, lorsque ce Ministre a bien voulu dire à l'auteur qu'il avait en effet écrit à M. le rédacteur du *Moniteur*, de supprimer une note relative à l'ouvrage, qu'il lui avait adressée en communication, avant de l'insérer, par la raison que ce journal appartenait aux Ministres; mais que son prédécesseur, M. le vicomte Du Bouchage, pouvait avoir fait, dans le même sujet, ce qu'il avait jugé convenable, et que, pour son compte, Son Excellence reconnaissait n'avoir ni le droit, ni le pouvoir de réclamer le maintien de la défense faite aux autres journaux.

Cette communication verbale n'a eu aucune suite; elle n'a rien réparé. Cependant, elle ne commande pas moins l'obligation d'en rendre hommage au Ministre, puisqu'elle détruit les motifs de l'injustice.

Étranger, d'ailleurs, à ce qui a été fait avant lui, concernant Saint-Domingue, M. le comte *Molé* ne pouvait voir dans des dispositions de conciliation, trouvées généralement si sages, la

censure de celles auxquelles il n'avait pas con-
couru, ni ne pouvait désirer de les partager.

Son Excellence, qui a si éloquemment défendu la loi du recrutement de l'armée, et,
par-là, si efficacement contribué à battre en
brèche le dernier retranchement dans lequel
on aurait désiré maintenir en France les préjugés et les priviléges, sapperaient, en suivant
des maximes opposées pour Saint-Domingue,
les fondemens de la confiance qu'il lui importe
d'acquérir de la population de cette Colonie.
Le Ministre de la marine qui en serait privé,
et qui emploierait des agens connus par leur
opposition à la liberté, ou par leur participation
aux démarches précédentes, ou ayant fait
partie de l'expédition sous le dernier Gouvernement, se flatterait en vain d'y obtenir des
succès, par la conciliation : il n'y serait pas
écouté. Les expériences récentes confirment
cette assertion.

Mais l'opinion que *Son Excellence* a fait
prendre de ses sentimens publics, en cette occasion mémorable, est le thermomètre de ce
que le Ministre peut y entreprendre d'utile et de
grand.

D'ailleurs, tout le monde est d'accord sur
ce point : que sans la possession de Saint-Domingue pour le commerce, le ministère de la

Marine et des Colonies n'est plus qu'un état de luxe, dispendieux, et hors de toute proportion dans les dépenses entre sa situation actuelle et sa grandeur passée.

L'explication des procédés, si rigoureusement pratiqués contre le nouveau Système de Colonisation, tournera encore au profit du bien public. La Colonie verra que des principes généraux parlent encore plus haut en sa faveur qu'elle n'osait peut-être l'espérer ; qu'on les trouve dans les deux Chambres, dans les hommes d'Etat, dans les publicistes, dans le commerce; que le ministère n'attend peut-être que l'occasion de faire paraître qu'il partage ces principes et ces sentimens; que tous désirent le retour de cette précieuse Colonie, en conciliant les droits, qu'il est juste, raisonnable et possible de lui reconnaître, avec ceux de la Métropole ; que tous mettent au premier rang des dispositions qui doivent procurer cet avantage, celles surtout qui préviendront le désordre et l'effusion du sang. C'est le sentiment personnel du Roi. Tous s'accordent enfin à voir dans le nouveau Système la réunion de tous les moyens qui peuvent conduire à ce terme.

Sans doute, les vues qu'il embrasse, ont éprouvé plus que de l'opposition de la part de l'administration de la Marine et des Colonies;

mais ne pouvait-elle manifester cette opposition
sans contraintes, sans efforts, sans s'assujétir à
ces formes arbitraires qui laissent toujours soupçonner qu'on ne repousse la lumière que parce-
qu'elle blesse des yeux trop sensibles. En com-
mandant le silence, pour avoir raison, on est
presque toujours convaincu d'avoir tort ; et fermer toutes les avenues à la vérité, c'est charger
une mine, et placer à côté l'étincelle qui doit
y mettre le feu et produire l'explosion.

Toutes fois il ne faut voir dans cette opposition que ce qui y est, et ce qui seul peut-être vu.
On a fait deux opérations manquées, on en a
reconnu l'erreur; on a reconnu qu'on s'était
trompé sur un pays à l'égard duquel on n'avait re-
cueilli que des renseignemens imparfaits. Il en
coûte à l'amour-propre de faire ses vœux ; il en
coûte plus encore d'adopter d'autres maximes
au changement desquels on ne croirait plus, ve-
nant de la même source; dès lors craignant
encore de se tromper, on a cru saisir le meilleur
parti en adoptant un systême d'inertie, en atten-
dant tout du temps et en faisant, jusque-là, l'essai d'un commerce sous pavillon neutre.

Ce systême d'inertie, facile à couvrir du voile
de la politique, quoique assez transparent pour
en laisser voir les motifs, à travers lequel perce
l'embarras, s'est étayé de ce mot *d'ordre géné-*

ral, si utile et si souvent répété : *ne parlez pas de Saint-Domingue !* Ce qui achéve de tout confondre. Autant faudrait-il dire : ne parlez pas des troupes étrangères qui occupent les places frontières ? Quand on n'en parlerait pas, tout le monde sait trop bien qu'elles y sont, et que tout ce qui porte un cœur français, aspire au moment fortuné de voir la patrie affranchie de ce joug. De même, tout le monde sait que la France ne domine pas à Saint-Domingue, et que, très-certainement, il est de son devoir de ne rien négliger, pour y rétablir ses affaires. On ne persuaderait à personne que ce rétablissement s'opérera par l'effet magique du silence, comme si une opération de cette nature pouvait se traiter dans le secret du cabinet, lorsqu'il faut agir à une si grande distance, et comme si ce secret ne serait pas dévoilé ou repoussé par l'une des parties intéressées, par le fait seul qu'elle croirait y apercevoir un siége.

Ne parlez pas de Saint-Domingue! Oui, sans doute, comme on en a parlé pour aigrir la population qui y est en armes, pour la flétrir dans l'opinion, pour la menacer de fers plus pesans que ceux qu'elle portait. Qu'on n'y envoie pas surtout des instructions officielles qui ne lui laissent pour alternative que ce sort ou le désespoir? Voilà ce que devait désavouer une sage politique ! voilà les dangers qu'elle devait éviter ! Mais parlez de Saint-Domingue ? Laissez-en parler dans le sens du nouveau Système ? Encouragez ces écrits utiles, qui auront pour but d'éclairer cette population, de la ramener à la France, en conduisant ses pas dans le chemin de la modération et de la justice. Le langage de la raison n'a jamais nuit aux affaires : il est au-contraire le conducteur du feu électrique que Dieu a placé dans l'esprit de l'homme, pour être communiqué à ceux qui en sont privés.

Ce système de faiblesse et d'emprunt doit être abandonné ; il semble n'avoir été inventé que pour exiger le silence sur les fautes commises, qui peuvent causer de grands dommages à la France. Aussi remarque-t-on qu'on n'a rendu aucun compte de la situation de cette Colonie, ni de ce qui a été fait pour la faire changer ? Quel serait le motif d'en faire un mystère ? Le blâme qui peut retomber sur ceux qui se sont trompés, doit-il priver la Nation de connaître l'état des choses ? A-t-on besoin de plus de ménagement dans cette affaire que pour annoncer la perte d'une bataille, de laquelle dépend souvent le sort d'un empire ? Si une fausse opération administrative équivaut à une bataille perdue, si elle a des suites quelquefois plus funestes, doit-on craindre que la Nation s'en montre plus accablée? Le silence et les réticences font au contraire plus de mal : elles le font supposer plus grand qu'il n'est en réalité.

Les erreurs ne constituent pas des crimes. Quel est celui qui peut être exempt d'en commettre ? Seulement elles deviendraient plus graves et prendraient ce caractère, si la lumière, qu'exige toujours l'intérêt de l'Etat, n'était étouffée que pour favoriser l'intérêt particulier ou flatter la vanité.

Il faut donc parler de Saint-Domingue, aborder franchement cette question. Ce n'est que par l'impulsion de l'opinion publique qu'on peut s'en ménager le retour. Comment cette Colonie apprendrait-elle les favorables dispositions de la France à son égard. D'après quel esprit se dirigeraient les amis qu'elle y compte encore, que l'administration des Colonies dédaigne peut-être trop, ou qu'elle ne connaît pas et ne peut pas connaître, parce qu'il faut avoir pratiqué le pays pour y avoir ces intelligences.

Cependant ces amis y jouissent d'une grande influence, dont ils n'useront, toutefois pour la servir, qu'autant que la France aura assuré et garanti les droits de tous.

Le dernier Gouvernement avait aussi adopté, pour signe de ralliement, le même mot d'ordre ; mais il avait en cela quelque raison. Il cherchait à se cacher à lui-même l'étonnante bévue de son expédition, dans laquelle il s'était jeté, moins en aveugle, que par la fausse politique de renoncer aux principes, qui l'avaient élevé, pour se mettre à l'unisson des autres Etats qui, mieux inspirés, s'occupaient de perfectionner leurs institutions, avec le même zèle qu'il travaillait à renverser les libertés de la Nation, et à fonder le despotisme par les lois. Il ne voulait pas qu'on parlât de Saint-Domingue; c'était ce qu'il avouait être sa partie honteuse, le côté faible qu'il avait trop facilement prêté à des insinuations perfides. Dans ce temps, comme aujourd'hui, on croyait qu'une aussi grande précaution couvrait de vastes et de grands desseins ; que, si la Colonie ne venait pas d'elle-même redemander ses anciens fers, du moins elle souffrirait les nouveaux qu'on lui imposerait. Quel effet a produit cette politique ? Quel bien a suivi l'inquisition établie pour soutenir cette nouvelle doctrine, enseignée, commandée sous le trop long et trop déplorable ministère de M. Decrès: elle a achevé de perdre la marine, les colonies et le commerce. Les Anglais pouvaient lui dire comme les Carthaginois aux Romains: *Nous vous défendons de vous laver les mains dans la mer.*

Néanmoins, voulant rétablir la balance maritime par la réduction du commerce Anglais,

et l'occupation de la plus grande partie des côtes
de l'Europe, on admit des modifications à l'effet
du blocus continental, par des licences de commerce avec l'Angleterre, pour enrichir quelques
particuliers. Le Gouvernement en fit ensuite un
monopole pour son compte. Cette imprévoyance
produisit un désavantage marqué dans les affaires; elle fournit à l'Angleterre les moyens
d'aspirer les tributs de la France, et de se procurer la connaissance certaine de ce qui s'y passait, et de ses dispositions : tant il est dangereux
de placer les hommes entre leur intérêt et leur
devoir ! Cette espèce de renouvellement de li-
cence de commerce avec Saint-Domingue, sous
pavillon neutre, pourrait avoir les mêmes suites.

Mais le Gouvernement Royal n'a pas besoin de
cacher cette plaie faite à l'Etat sous le dernier.
L'imprudence a bien cherché à la faire saigner
et à l'envenimer; mais ce n'est pas lui qui l'a
ouverte : c'est lui au contraire qui est appelé à
la guérir, à la cicatriser. Pour cela, il faut la
découvrir, examiner les causes qui l'entretien-
nent, la soigner avec délicatesse. Et, au lieu d'employer du corrosif, remède des empiriques, qui
provoque l'amputation et souvent la mort, y
appliquer un baume humain, doux, salutaire,
tel que le mal l'exige, et que l'expérience le
conseille.

L'indifférence ou l'inhumanité d'abandonner le malade à lui-même ne serait pas moins funeste que les remèdes violens ; car les droits des nations se prescrivent par le temps, comme ceux des particuliers, avec cette seule différence que si la prescription n'est pas limitée, le temps èst employé par le ravisseur à prendre des précau- contre le dépouillé.

La maxime singulière des Etats-Unis, que l'on trouve dans les gazettes de ce pays, à l'égard de la prise de possession des Florides, devrait étonner d'autant plus d'un tel Gouvernement, qu'elle semblerait jetée en avant pour légitimer toutes les prétentions de ce genre, s'il était vrai, s'il était possible de croire, qu'il pût admettre en principe que le gouvernement Espagnol est censé renoncer aux siennes sur ses possessions, par le fait plus ou moins constant ou supposé, qu'il est hors d'état de maintenir ses conventions avec ses voisins, de défendre, et de protéger ses sujets.

Quoiqu'il en soit, cette maxime, dont on a suivi l'esprit, sans la coopération des habitans, dont les vœux ne semblent pas moins inutiles à consulter en Amérique qu'en Europe, est plus forte que tous les raisonnemens pour accuser l'inertie que l'on paraîtrait adopter pour ce qui

concerne Saint-Domingue, et qui lui pourrait
fournir le prétexte de tenir ce langage, à la place
des Etas-Unis.

Toutefois, par de fausses notions, on s'épouvante de Saint-Domingue, de même qu'on
cherche à épouvanter l'Europe des dangers auxquels elle serait encore exposée, si la France
jouissait de son indépendance. Son Gouvernement, trop occupé de son affranchissement, du
soin de faire cesser les entraves qui compriment
jusqu'à sa pensée, qui neutralisent les ressorts
de son action, n'a pu porter sa surveillance sur
des intérêts qui lui sont aussi chers, ni sur la manière dont ils ont été suivis.

L'Europe elle-même effrayée sans motifs d'une
nation gouvernée par un prince entouré de la
vénération universelle, dont la puissance, libre
de toute influence, nécessaire, par son con-
trepoids, à la balance générale, a été également
détournée de porter ses regards sur le phéno-
mène étonnant qui apparaît en Amérique. Il en
a déjà été parlé; mais il est nécessaire de lier les
conséquences aux observations.

Aux yeux des hommes attentifs à la marche
des événemens, celle de cet astre nouveau qui
s'élève en Occident, éclairé par le reflet de lumière que répand sur lui le premier qui l'a pré-
cédé, d'abord inaperçu, aujourd'hui un globe de

5

feu qui achève sa course en agrandissant son or-
bite, doit nécessairement être suivi de quelques
nouvelles catastrophes, et atteindre l'Europe,
s'il épargne pour le moment l'Inde soumise.

Il y aurait quelque témérité de prescrire
des bornes à une révolution qui embrasse
une contrée aussi étendue, aussi favorisée de la
nature, si long-temps asservie, qui d'esclave
timide, enchaînée par le fanatisme, se classe
d'elle-même au rang des Etats-libres , qui
ignorant sa force et ses ressources, s'ignorant
elle-même, apprend à se connaître et à se convaincre qu'il lui manquait la liberté et l'indépendance, biens précieux que le ciel lui destine,
comme le complément de sa prédilection pour
cet heureux pays.

Il ne serait pas moins difficile de dire où peut
s'arrêter un peuple formé des deux plus belles
races d'hommes qui se sont croisées, qui a le
courage, toutes les qualités des Espagnols sans
être ternies par la superstition, qui échange de
l'or pour du fer, en faveur duquel conspirent
tous les vœux, et qui attache à ses destinées futures tant d'espérances.

L'Europe restera-t-elle spectatrice passive de
ce mouvement? et attendra-t-elle dans le silence quel en sera le terme, ou quelle sera celle
des puissances qui parviendra à le diriger en sa

faveur pour dominer les autres ? Cette question est peut-être l'une des plus importantes à méditer, à laquelle la politique doit subordonner tous ses calculs ; car la force et les événemens ont tellement simplifié celle de l'Europe, qu'elle n'en est plus que l'accessoire, et non pas l'objet unique ni l'étude exclusive.

· L'Europe, par conséquent, jugera-t-elle utile à son repos, à ses intéréts, de s'interposer, comme elle en est sollicitée, trop tardivement sans doute par l'Espagne, entre elles et ses sujets d'Amérique ? Par quels moyens plus conformes à leurs généreuses pensées, les Souverains pourraient-ils mieux manifester cette intervention, si ce n'est par le bienfait d'obtenir de l'Espagne la cessation de cette guerre barbare, qui y renouvelle des deux côtés les scènes d'horreur et de carnage qui éclairèrent la première conquête, et que l'histoire a consignées, en lettres de sang, comme une accusation éternelle contre les vainqueurs ? Ce n'est point les armes à la main que se terminent et s'arrangent ces querelles de famille ; elles ne servent qu'à exciter le désespoir, et à rendre plus nécessaire et plus urgent le besoin de prononcer la séparation.

Mais après avoir étendu leur sollicitude sur ce qui peut mettre un terme aux malheurs de l'humanité , tel éloigné que soit le pays où elle ressent de si profondes douleurs, les augustes médiateurs abandonneraient ils le sort de cette belle contrée à elle-même , aux fluctuations de ses agitations intestines, et à la disposition de la puissance maritime qui acquerrait la prépondérence dans cette partie du monde ? L'intérêt de l'Amérique , comme celui de l'Europe , n'exigerait-il pas peut-être quelques dispositions qui, sans nuire aux droits du possesseur, et les prenant, par conséquent, de concert avec lui, mettraient sous leur patronage et protection, les parties déjà en quelque sorte détachées de la domination espagnole , ainsi qu'on voit encore et qu'on a vu , en Europe, plusieurs exemples d'Etats qui ont été formés de démembremens semblables, et qui ont exigé cette garantie ?

S'il importe à la prévoyance de régler le sort de cette contrée , pour prévenir de plus grands bouleversemens , il n'est pas moins obligatoire de conserver les rapports et l'union du Nouveau-Monde avec l'ancien, non par des fers ni par la violence, mais par une bienveillance réciproque. Ces points de contact seraient les plus doux et les plus agréables.

Ces portions de territoire de l'Amérique méridionale jouiraient de leur indépendance sous ce patronage commun , de la même manière

que les villes anséatiques ont acquis et conservé
la leur.; mais elles seraient arrachées à la guerre
qu'elles supportent, aux révolutions qui l'agitent et qui s'étendront, et enfin aux évenemens
éventuels qui peuvent les placer et les réunir
sous l'influence unique d'une puissance : c'est là
le danger.

En donnant ainsi plus d'étendue et plus de
mouvement aux intérêts politiques et commerciaux du continent européen, qui, étant trop
rapprochés, sont par cela plus faciles à être
froissés et blessés, on affermit les liens de la paix
qui les unit. On peut y rétablir cette balance,
si nécessaire, dont on parle, mais qui n'existe
que fictivement, puisque les unes ont tout, et
qu'il ne reste presque rien aux autres. Ne serait-
il pas, au surplus, et juste et possible de dédom-
mager l'Espagne de ses pertes par des compensations en Europe?

L'Espagne, il faut le répéter avec le même
regret qu'on en a la conviction, n'est plus en
état de régner sur tous ces pays, trop étendus,
en proportion de ses forces de terre et de mer, de
la réduction de celles de ses anciens alliés, et de
la prépondérance de ses rivaux. Les habitans de
ces pays sont, d'ailleurs, trop éclairés aujour-
d'hui, pour s'assujettir de nouveau à la forme

de son Gouvernement. On en a déjà fait la re-
marque au commencement de l'ouvrage.

Mais, aussi, cette médiation établirait, en principe, de lui garantir le Mexique érigé en royaume
indépendant en faveur d'un Prince de la famille
royale Espagnole. Une constitution libre et fédérale pourrait y réunir toutes les autres parties de territoire qui désireraient entrer dans
cette union, si les habitans trouvaient, en
même temps, dans la forme de ce Gouvernement, et les biens qu'ils recherchent, et une garantie assurée contre les ressentimens de celui
de la Métropole.

Ce parti, facile dans son exécution, est peut-
être le seul qui puisse conserver dans l'auguste
Maison d'Espagne, la plus importante de ses
possessions en l'Amérique, et tous les avantages
qui en résulteraient pour la nation.

Elle a dû se convaincre combien il est à
craindre que le Mexique ne se détache de sa
domination. Il sera entraîné, plus ou moins
tard, par les agitations qui se passent autour
de lui, ayant déjà montré qu'il n'était pas in-
différent au but qui les a provoquées ailleurs.

Ce n'est donc point ici, entre deux maux,
être contraint de se résigner au moindre; c'est
se garantir du mal et des douleurs que renou-
vellent, par la révolte, les morcellemens de

territoire et les défections partielles de ses sujets ; c'est s'ancrer sur un fonds solide pour
être à l'abri de nouvelles et plus terribles tempêtes, et, dans le changement extraordinaire
que prépare cette révolution, c'est profiter du
moment propice afin de rendre moins violente
la secousse qui doit se faire ressentir plus
loin.

Il resterait à l'Espagne de plus belles possessions qu'à aucun autre Etat. L'Amérique méridionale serait toujours ouverte à son commerce,
qui y serait le plus favorisé ; elle y puiserait
des tributs qui la dédommageraient amplement
de ses sacrifices ; elle aurait la gloire de jouir
de ceux qu'elle aurait faits à la paix universelle.

La France, de son côté, obligée de rétablir
ses affaires à Saint - Domingue, ne peut plus
long - temps négliger d'y travailler. Tout ce
qu'elle fera, dans ce but, favorisera la conciliation générale ; car, dans toutes les hypothèses,
et quelles que soient les résolutions qui seront
prises sur cette grande question, il est de l'intérêt de toutes les nations qu'elle étende son
commerce et son influence en Amérique ; car,
enfin, il faut y replacer l'équilibre de la puissance européenne, et donner à celle-ci un appui en fixant et en agrandissant les destinées

nouvelles de l'Amérique. Pour cela, il faut qu'elles concourent toutes au partage des avantages communs qu'elle présente. Une exception deviendrait par la suite funeste à sa tranquillité.

Le Gouvernement Britannique est monté au plus haut degré de grandeur qu'il ambitionnait. Il a réduit, annihilé le commerce et la marine des autres Etats ; et il exerce la suprématie et la plénitude de la puissance maritime en Europe, et jusqu'ici sur toutes les mers. Mais de l'élévation où ce triomphe l'a placé, il doit apercevoir que, s'il a beaucoup fait pour le bien de son pays, il a plus fait encore pour sa gloire, et pour satisfaire quelques ressentimens.

En effet, plus d'extension enchaînerait son émulation et cette heureuse rivalité qui donnait l'essort à son génie et entretenait son énergie. La décadence de Rome suivit la destruction de Carthage ; n'ayant plus, pour ennemis, des émules dignes de partager ou de balancer ses destinées, elle s'endormit dans la mollesse, et ce sommeil fut celui de sa mort, accélérée par la perte de sa liberté. Le même sort attendrait l'Angleterre : l'inactivité engourdirait ses membres et les paralyserait : ses nombreux vaisseaux seraient mis au rang de vieux bastions

flottans, inutiles, et ses matelots transformés en
milice; son Gouvernement libre, sa véritable
gloire, le modèle des autres, sans opposition
nécessaire, périrait dans la jouissance dangereuse d'une trop tranquille prospérité. Mais des
craintes d'un autre genre que celles qu'il éprouvait naguère, peuvent l'agiter encore en ce moment.

Un rival né de son sein, jeune, plein de
vigueur qui, en trente ans, a acquis toutes les
forces, toute la sagesse, la science et l'expérience de l'âge mûr, occupant la position la
plus heureuse, prend ses mesures, essaie ses
armes, et s'occupe à lui disputer, comme hé-
rilier d'un bien commun, ou peut-être de famille, le trident de Neptune. Cet audacieux
concurrent qui déjà, corps à corps, s'est mesuré
avec elle dans une guerre récente, dont il se
vante de l'issue, ne prétend point à l'honneur
de servir l'Europe; s'étant fortifié, au contraire,
des longs malheurs qui l'ont affligé, tenant sous
son égide un enfant qui lui doit le jour, que d'autres donnent au Cabinet Anglais de son union
avec la Péninsule, lors de l'invasion, et lançant
dans la carrière, pour la même cause, ce pupille
qui annonce devenir un Hercule, le Gouvernement des Etats-Unis semble travailler à affranchir l'Amérique de l'Europe, et à la rendre à son

tour tributaire de ses denrées. C'est contre l'Angleterre que leurs attaques seraient plus particuliérement dirigées; car ils sont sans haine pour les autres Etats, comme sans crainte de leur part, puisque le gouvernement Anglais a pris soin d'en détruire la cause en les affaiblissant.

Le Roi du Brésil étouffant, sous la nécessité, ses regrets de la perte du Portugal, retenu soit comme garant de sa fidélité envers l'Angleterre, soit comme garantie contre l'Espagne, entrera dans cette confédération nouvelle de l'Occident contre l'Orient, des anciens opprimés contre les anciens oppresseurs. Quelle sera l'issue de cet événemens contre lequel, de son côté, l'Angleterre paraîtrait se préparer par de nouvelles constructions navales ?

On suppose et l'on veut que le Cabinet Anglais, à qui sa politique a toujours réussi, triomphe en Amérique, comme il a triomphé dans l'Inde, en Asie et en Europe, des obstacles qui se présentent, tels grands qu'ils soient, et plus difficiles à surmonter que ceux qu'il a vaincus ; toujours est-il vrai que le sort de l'Europe n'en serait pas amélioré ; que c'est un poids énorme à porter que celui du Monde, en y ajoutant celui de son ressentiment multiplié par la jalousie, et que, nouvel Atlas, ce serait trop

risquer que seulement s'exposer à fléchir sous
lui. Le Gouvernement Anglais doit donc désirer de se donner des alliés dans cette occur-
rence, et de les intéresser pour les appeler au
besoin.

Si, au contraire, succombant à l'ivresse de
tant de prospérités, il prétendait tout asservir à
son acte de navigation, à son commerce, à sa
marine, y réunir l'exploitation des mines d'or
et d'argent de l'Amérique, il s'exposerait au
renouvellement, en Europe, de mesures pro-
hibitives et restrictives: prises d'un commun accord, conduites sagement, elles nuiraient à ses
succès si, à la longue, elles ne compromettaient
ses destinées glorieuses.

La philosophie, d'accord avec une saine politique, a applaudi à la résistance et aux efforts de
l'Angleterre pour conserver dans son sein le dé-
pôt sacré des libertés publiques en Europe, et le
modèle des Gouvernemens représentatifs; mais
le besoin d'une égale répartition des mêmes biens
entre toutes les nations, la portait à désirer que
la grande-Bretagne pût être forcée à la renon-
ciation de ses prétentions exagérées, dans la
crainte des mêmes dangers que faisait redouter sa défaite. Car les Gouvernemens heureux
et trop puissans se montrent moins favorables
aux peuples; et les trophées, acquis au prix

de leur sang, forment les premiers anneaux de la chaîne qui les asservit, comme ils en sont les premiers moyens. Les Etats libres ne doivent être armés que pour défendre leur indépendance. Des chaînes cachées sous les lauriers, sont le partage ordinaire des peuples conquérans; et vaincus à leur tour, ils sont tout façonné à esclavage.

Néanmoins, le génie du ministère anglais, qui a répandu tant de gloire sur sa nation, n'en ternira pas l'éclat en s'écartant de la modération envers les autres. Ne pouvant tout garder, il faut qu'il leur réserve une part dans les avantages communs; qu'il les étende à d'autres pour s'affermir dans la jouissance des siens. Toutes les nations ont eu leur apogée et leur périgée. Un édifice n'est jamais solidement construit si sa hauteur n'est pas calculée dans des dimensions proportionnées à sa base. La même époque ne verra pas, sans doute, et l'exemple terrible de l'usurpation, unie à l'ambition malheureuse, punie du supplice de Prométhée, et pour spectacle singulier, l'un des Gouvernemens qui aurait prononcé ce destin, caresser la pensée de s'assurer le sceptre de la plus grande partie du monde par de plus hardies et par de plus vastes conceptions.

Le tableau que présentent les affaires en Amérique, cesse néanmoins d'alarmer. L'avenir offre l'espérance consolante, inspirée par la haute sagesse des puissances qui, si elles jugent leur intervention nécessaire pour les concilier, les droits de toutes seront religieusement respectés ; et que, dans le cas même où cette conciliation exigerait des sacrifices de l'une d'elles, quoique réputés favorables à ses intérêts, elle en serait dédommagée par d'équitables compensations.

L'Angleterre a assez de possessions coloniales aux Antilles, pour alimenter son commerce : les siennes même l'embarrassent : elle n'attend que le moment propice de leur accorder, comme à la Jamaïque, les mêmes bienfaits qui sont réclamés pour Saint-Domingue. Cette Colonie ne lui offre pas, au surplus, des avantages tellement exclusifs, qu'elle puisse tant désirer la conserver. Les Etats-Unis en ont la plus grande part : c'est en quelque sorte une Colonie fédérale ; c'est la seule, l'unique qu'ils exploitent, comme leur appartenant, sans frais, sans entraves, presque sans partage, puisqu'ils peuvent livrer leurs marchandises et leurs vivres à meilleur marché que les Européens, par la raison qu'ils en sont plus rapprochés, et que la navigation présente moins de dangers et moins de frais.

En cas de rupture supposée avec l'Angleterre, les bâtimens armés et les flottes américaines

n'auraient que les seuls ports de Saint-Domingue
dans l'Atlantique et dans le golphe du Mexique,
qui deviendraient le théâtre principal de la
guerre, pour s'y réfugier, s'y réparer et s'y ra-
vitailler. Il entrerait donc dans la prévoyance du
Gouvernement anglais de désirer, sous ce rapport, que la France se replaçât à Saint-Domingue, à quelque titre que ce fût.

Les Etats-Unis se réglant, d'après les mêmes
vues, ont un égal intérêt à ce que les ports et
rades d'une partie de la Colonie, tels que *le fort
Dauphin*, *le Cap* et *le Mole Saint-Nicolas*,
ne soient pas en la possession des Anglais, quoiqu'ils en aient d'autres, non moins sûrs, à la
Jamaïque. Dans tous les cas, le Gouvernement
fédéral ne peut agir avec la France de la même
manière qu'avec l'Espagne. Encore il reste à savoir si l'affaire des Florides n'en cache pas la
cession sous quelque ruse diplomatique, semblable à celle qu'on pratiqua pour la vente ridi-
cule de la Louisiane sous le dernier Gouvernement.

D'une autre part, on trouverait extraordinaire,
si la France était obligée d'intervenir dans ces
démêlés, ou comme partie, ou comme médiatrice, qu'elle fût la seule à qui les ports de sa
propriété de Saint-Domingue seraient fermés.

Cette circonstance, qui peut avoir lieu, n'a pas assez excité l'attention.

Du reste, aucun de ces Gouvernemens n'a manifesté des intentions, en cette occasion, qui seraient contraires à-la-fois des traités, ni rien qui puisse les faire préjuger : on les leur prêterait bénévolement. Il faut rétablir les choses telles qu'elles se sont passées. La guerre avait éloigné le commerce français de Saint - Domingue, et le commerce étranger lui avait succédé. La paix et le changement de Gouvernement pouvaient tout réparer. Au lieu de profiter de cette heureuse circonstance, on a irrité les esprits. Sans calculer ni les changemens survenus, ni la différence des temps, sans garder aucune mesure, on a déclaré l'intention d'y replacer l'ancien ordre de choses, et la Colonie s'est armée contre une déclaration semblable. Par suite des mêmes craintes, on n'a plus communiqué avec elle que sous pavillon neutre : il en est résulté que le commerce étranger s'y est maintenu, puisque la France se servait de ce pavillon, qu'elle négligeait de se servir du sien, de faire valoir ses droits, ou de ne les réclamer que de la manière la plus certaine pour éterniser cette réclamation.

Non. Ce n'est pas au sein de la paix, nécessaire pour réparer de si grands désastres, après

une aussi longue guerre, que des nations civi-
lisées, honorées du genre humain, liées les
unes aux autres par le respect qu'elles portent à
leurs droits communs, comme la garde de ceux
qui leur sont propres, peuvent faire naître de
telles inquiétudes: elles seraient injurieuses à la
grandeur de l'une, qui dédaigne ces honteux
moyens, et à la réputation de sagesse que s'acquiert le Gouvernement fédéral.

Ce n'est pas même du côté de la Colonie
qu'il faut concevoir ces inquiétudes; non-seulement elle juge sa véritable position, menacée
par le contre-coup du choc qui pourrait se faire
sentir en Amérique, mais encore elle désire se
repatrier avec la France, si elle en était favorablement traitée, pour jouir paisiblement et se
mettre à l'abri des entreprises d'un parti déses-
péré. Elle demande qu'on renonce à l'espoir de
lui donner ses anciens fers, et de l'asservir par
l'esclavage; elle réclame des droits et la garantie
de la liberté. La justice est d'accord sur ce
point avec la politique, avec l'opinion publique,
et avec celle de tous les hommes d'Etat. Cependant, la plus mince opposition contrarie
l'accomplissement de ce généreux dessein.

On ne peut voir, dans ces concessions, une
innovation révolutionnaire; car il faudrait voir,
sous les mêmes rapports, l'abolition de la traite

des Noirs, consentie par tous les souverains; abolition qui conduit irrésistiblement à l'affranchissement général, par la destruction de la cause de l'esclavage.

Il faudrait voir du même œil les innovations qui ont été reçues dans différens états, dans les Iles Ioniennes; celles réclamées par différens peuples; celles introduites en Pologne par un souverain, qui paraît ne jouir de sa puissance, que pour le bonheur et les libertés de l'Europe; et enfin la charte française, heureuse combinaison de la raison avec l'expérience, perfectionnée par le génie du Roi, le plus beau monument élevé par la sagesse humaine, et l'hommage le plus éclatant rendu par un monarque aux lumières de sa nation : la jugeant, en grand homme, digne de la liberté, il ne pouvait mieux l'honorer. Jugeant de même la révolution moins par ses effets déplorables, que par ses causes, il a reconstruit le trône sur un plan nouveau, dont les bases sont inébranlables en reposant sur la masse des intérêts moraux et politiques de la nation.

La gloire des conquérans exalte l'âme et la fait gémir : elle s'élève sur des ruines teintes du sang des vainqueurs et des vaincus. La divinité s'associe à la gloire des princes fondateurs des empires et de la liberté publique; elle les inspire,

6

et la reconnaissance des nations les accom-
pagne dans le ciel, quand ils quittent la terre :
c'est la palme de l'immortalité qu'elle leur dé-
cerne.

Ces exemples justifieraient suffisamment la
réclamation des mêmes bienfaits, en faveur de
Saint-Domingue, si la nécessité ne faisait une
loi de cette faveur.

Il est d'ailleurs contre les règles de la prudence, de prétendre entrer dans un pays pour
renverser le culte que l'on y suit; mais après
celui que l'on rend à Dieu, celui de la liberté
remplit tellement tous les cœurs des habitans
de Saint-Domingue, que la mort et tous les
désastres seraient préférables à la perte de ce
bienfait.

La conservation de l'autorité dans les mains de
ceux qui en sont investis, ne pourrait pas présenter plus de difficultés. La France agirait, en
cette occasion, de la même manière que l'Angleterre agit avec les gouvernemens indigènes de
l'Inde, qu'elle reconnaît aux mêmes titres et
aux mêmes conditions.

Les chefs des gouvernemens de Saint-Domingue, méritent une distinction particulière:
ce sont d'anciens officiers généraux qui ont
servi la France avec autant d'honneur que de
dévouement. Quelle que soit aujourd'hui leur

ambition personnelle, il est impossible qu'ils cessent de lui être attachés. Ils n'eussent jamais oublié la reconnaissance qu'ils lui doivent, ni les sentimens de fidélité qui les engagent envers elle, si on ne les eût forcés d'y renoncer pour se sauver des malheurs dont les menaçait l'armement dirigé contre eux par le dernier gouvernement. Les événemens ont fait le reste, et ces événemens ont heureusement changé.

Des préventions, peut-être exagérées, montrent Cristophe, sous un jour défavorable. On le représente comme le plus opposé à tous rapprochemens avec la France; mais on ne compte pas, sans doute, au nombre des démarches utiles pour le ramener, l'envoi qui a été fait de commissaires sur les lieux.

Les premiers ne peuvent être considérés que comme des émissaires. Ils étaient porteurs d'instructions qui doivent faire présumer, par leur nature, qu'elles ont été surprises dans un moment de souffrance à la religion de feu M. Malouet; car elles sembleraient avoir été dictées plutôt dans l'intention d'y jeter l'épouvante et la division, que les germes d'une réconciliation. D'après les papiers trouvés sur eux, ils auraient éprouvé un sort plus rigoureux sous tous les gouvernemens. C'étaient des hommes que l'on exposait sans utilité. Cette erreur malheureuse,

*

a nui d'autant plus qu'elle a fait soupçonner le Gouvernement d'intentions qu'il n'avait pas, et que la Colonie a été mise en garde contre toutes ses propositions.

La proclamation de Christophe, à l'occasion des seconds commissaires, recommandables sous tous les rapports, ne peut également être prise à la lettre. On ignore ce qui s'est passé, puisque rien n'a transpiré officiellement à ce sujet.

On devrait peut-être remarquer, dans cette proclamation, qu'il y perce un dépit secret de ce que ces commissaires, soit par politique, soit par prudence, ayant eu des conférences avec *Pétion,* se sont bornés à envoyer à Cristophe les paquets qui lui étaient destinés. Si cela est ainsi, comme il n'en faut pas tant dans ce pays pour exciter les passions les plus furieuses, lorsque l'amour-propre est blessé, on pourrait en conclure que ce chef ne se serait emporté à tant de violence dans cet écrit, que par la raison que les commissaires ne lui auraient pas accordé la même confiance qu'à son compétiteur, et qu'il attachait beaucoup de prix à un tel honneur.

En raisonnant dans cette supposition, l'effet de la proclamation serait singulièrement atténué par cette circonstance. La déclaration qu'elle renferme de ne vouloir traiter avec la France que sous la garantie d'une grande puissance, appuyerait ce raisonnement ; car Christophe n'ignore pas que la paix fait regarder souvent comme honteux les moyens qu'autorise la guerre, et que toujours elle donne lieu de regretter de les avoir trop légèrement employés.

Au surplus, cette effervescence du moment se calme là, comme ailleurs, pourvu qu'on lui oppose la raison. Mais a-t-on fait usage de ce moyen puissant ? a-t-on cherché par les conseils de ses amis, de ceux qui ont de l'influence sur lui, à le ramener à des réflexions plus sages, à moins s'irriter d'un procédé, peut-être justifié par les craintes qu'il inspire, qui proviendrait uniquement, si les rapports étaient exacts, du fait des commissaires, puisqu'ils devaient être chargés, par le Ministre, de conférer avec les deux chefs, et non exclusivement avec l'un d'eux ; à moins que par les calculs d'une étroite politique, on eût voulu jeter cette nouvelle pomme de discorde ?

De ces bruits vagues qui ont circulé, et n'en pénétrant pas la cause, on en a tiré la conséquence que Cristophe repoussait toute réconciliation. Ces bruits s'étant propagés, ont formé la persuasion qui est restée dans tous les esprits : elle a paralysée toutes les mesures.

Il ne serait donc pas prudent de juger ce que l'on peut obtenir aujourd'hui par ce qui s'est passé, il y a trois ans, n'étant fixé d'ailleurs par aucunes données certaines , ni sur les instructions, ni sur les bases du rapprochement qu'elles contenaient.

Mais ces commissaires semblaient être destinés à éprouver, malgré leur zèle , toutes sortes de contrariétés : tous les pressentimens d'un revers inévitable les accompagnaient : ils en portaient avec eux la certitude , par leur qualité d'anciens propriétaires dans la Colonie. Ce titre n'était pas propre à faire naître la confiance, quelque respectable que fut leur caractère personnel. Aussi , est-il plus facile de concevoir comment on a pu leur donner cette mission , que d'expliquer comment ils ont pu vouloir s'en charger, si l'on considère surtout l'époque , à laquelle ils sont partis.

La frégate qui les porte arrive au Port-au-Prince, sans y être annoncée, sans avoir pris langue sur la côte, sur ce qui se passait dans l'intérieur : aussi elle arrive précisément dans un moment où se préparaient des réjouissances publiques à l'occasion de la publication de la constitution. Etrange contre-tems ! On l'oblige à mouiller sous les forts ; elle ne peut communiquer

avec la terre. (1) La rade et la ville se remplis-
sent bientôt de tumulte. Pétion est obligé de
prendre des précautions pour en prévenir les
effets sinistres, et d'en prendre de nouvelles
pour protéger la descente à terre des commissaires, et la sûreté de leurs personnes. Cette
descente ne s'effectua, dit-on, que le jour même des réjouissances ; de manière qu'ils purent
prendre ces appareils trompeurs pour l'allé-
gresse publique, qu'excitait leur arrivée. Bientôt ils sont instruits de leur erreur, et conduits
au Sénat, où, à travers les égards qu'on leur
montre, on apercevait un certain triomphe que
les hommes refusent difficilement de faire paraître lorsqu'ils trouvent l'occasion d'en faire
usage près de ceux qui les ont humiliés.

Ainsi, dans cet état de choses, les commissaires ayant à combattre, à leur tour, des préjugés qui réveillaient une ancienne inimitié, il
était bien difficile qu'ils pussent obtenir des résultats satisfaisans, quand même ils en auraient
eu la possibilité.

La position de ces commissaires devait en être

_____

(1) Un seul aide-de-camp, homme de couleur, eut la
permission d'aller à terre. Son rapport favorable sur les
intentions des commissaires, contribua à calmer les esprits,
et fit désirer de les entendre.

plus embarrassante et plus pénible ; et s'ils n'ont rien fait parce qu'ils ne pouvaient rien faire, on ne doit pas moins honorer leur dévouement, n'eût-il été excité que par une certaine présomption ; mais aussi on ne doit pas en tirer des inductions défavorables des sentimens de la population de la Colonie à l'égard de la France. Si elle a accueilli avec une déférence respectueuse ces commissaires, par cela seul qu'ils étaient les envoyés du Gouvernement, que n'eût-elle pas fait, s'ils avaient été étrangers à la Colonie, arrivant dans un moment plus heureux, et porteurs d'une décision qui aurait comblé tous les vœux ?

Ces essais malheureux laissent toujours des impressions et des suites fâcheuses. Ces événemens auraient été prévenus, si on avait préparé l'arrivée de cette commission par des communications franches et directes avec la Colonie, qui n'entend rien à la politique, et qui veut d'autant moins de mystère dans ses affaires, qu'on s'efforce d'en mettre.

Ces détails font pressentir que les commissaires n'ayant pas eu, personnellement, à se louer de la Colonie, n'ont pu faire des rapports favorables à son sujet : c'est encore cette opinion qui influe sur toutes les opérations.

On a vu que *Pétion*, au milieu des agitations

dont il était environné, a su cependant, dans
ces circonstances, contenir l'effervescence po-
pulaire, et rendre aux commissaires les honneurs qui leur étaient dûs. Dans l'ouvrage du
Système, on a fait connaître le caractère noble
de ce chef; il ne l'a pas démenti jusqu'à sa
mort.

Le général *Boyé* qui lui succède, mérite la
même considération. C'est un bon militaire qui
a combattu dans les rangs des braves. On jugera
mieux ses sentimens par une de ses lettres à l'auteur de cet Essai. Il s'y plaignait du retard qu'é-
prouvait son adoption au Corps Législatif, et té-
moignait les regrets de perdre, dans cette at-
tente, un temps qui serait mieux employé par
lui en servant dans les armées. Il était alors adjudant-général.

On peut donc conclure que tout ce qui a été
fait doit être regardé comme non-avenu, et, sans
crainte de se tromper, que, loin d'avoir pris le
bon chemin, on s'est égaré dans des routes per-
dues, en y laissant néanmoins les traces des préjugés funestes, d'après lesquels on s'est dirigé.

Après tant de fautes répétées et reconnues, il
serait cruellement malheureux pour la France,
si l'on s'obstinait à ne pas considérer les effets
qu'a dû produire sur cette population le droit
dont elle jouit depuis près d'un quart de siècle de

se gouverner, et à prétendre la faire rétrograder au temps qui s'est écoulé depuis cette époque : on doute même, si cela devenait possible, en évitant les malheurs auxquels exposerait ce parti, s'il serait dans la politique et dans les intérêts de la France de l'exécuter.

Il paraît, au contraire, plus simple, plus conforme à la sagesse, moins dispendieux en hommes et en argent, plus favorable au commerce, aux anciens propriétaires, plus avantageux au Gouvernement sous tous les rapports, d'abandonner à la Colonie ses prétentions, à la condition par elle de reconnaître la souveraineté de la France et les priviléges du commerce.

On serait toujours à temps d'opposer la force à la résistance, si la Colonie, à son tour, s'aveuglait sur sa situation particulière. Encore, dans ce cas, il n'appartient pas au Gouvernement d'entrer dans cette querelle ; il doit laisser au commerce, formé en compagnie, le soin et les moyens de la terminer. Cette compagnie serait assez puissante pour la soutenir, et le Souverain ne compromettrait alors ni son pouvoir ni sa dignité.

De nouvelles considérations peuvent être ajoutées pour donner la préférence aux moyens conciliatoires. La Compagnie aurait la faculté de s'entendre avec l'un des deux partis qui divise la Colonie, et qui accepterait les conditions de la réconciliation.

L'appui de la Compagnie ferait nécessairement pencher la balance en faveur du parti à qui elle l'accorderait : par conséquent, intervenant comme médiatrice, elle jouirait de l'honneur et du bienfait de les réconcilier, l'un et l'autre craignant de succomber sans cet appui,

Voilà ce que l'on serait en opposition d'opérer en ce moment dans le cas de guerre ou de paix entre les deux partis de la Colonie, si, au lieu d'amortir, comme on l'a fait il y a quinze mois, ce projet d'établissement, on lui avait donné l'encouragement qu'il réclamait et réclame encore plus impérieusement aujourd'hui, afin d'y être reçus et accueillis en amis, sous les étendards de la paix et de l'union. Prétendre y entrer en ennemis, ce serait mettre le comble aux malheurs publics sans en apercevoir le terme.

Mais de la lutte qui s'engagerait aujourd'hui, à ce qu'on annonce, entre les deux contendans à la domination de la Colonie, on dirait, à entendre certaines personnes, qu'il doit en résulter quelque perspective de bien pour la Métropole. On devrait plutôt en gémir ; car le triomphe d'un parti se fortifiant d'une plus grande influence, rendrait toujours plus difficile d'y faire, entendre le langage de la raison. On aurait à combattre des forces plus considérables, dirigées par un chef unique. D'autre part, ces troubles civils engagent toute la population; ils l'aguerrissent : et si les succès sont balancés, les désordres qui en ont été la suite, par les incendies et les dévastations, sont toujours un malheur pour les propriétaires et pour la Métropole.

La paix, d'un autre côté, en se rétablissant, ne pourrait être de longue durée ; elle ne laisserait qu'un moment de trêve à une animosité trop facile à exciter.

Si la mort de *Pétion* provoquait aujourd'hui l'attaque contre le gouvernement Colombien, la mort de *Cristophe*, sur la tête duquel repose l'échafaudage de son autorité, donnerait lieu à de nouvelles divisions. Il importe donc que la Compagnie se trouve à portée de les prévenir ou d'en profiter, peut-être encore d'assurer au fils et sa protection, et un sort honorable en cas de revers ; car la transmission du pouvoir, par hérédité, à Saint-Domingue, est une chose qui peut difficilement s'effectuer sans secousses, si même ce n'est pas une chimère, surtout quand celui qui transmet n'occupe pas à un titre légitime, quand il a derrière lui une nation jalouse de ses droits, qui sommeille, mais qui se réveillera, et des rivaux nombreux qui aspirent au moment de ravir l'héritage à des mains trop faibles pour le retenir.

Ces réflexions ne peuvent avoir échappé à *Cristophe*. Sa sûreté et celle de sa famille dépendent donc de sa soumission envers le Roi, et de son acquiescement aux propositions qu'on lui fait.

Mais les passions ne raisonnent pas dans ce sens; elles veulent tout ou rien : elles jugent que cette guerre, affaiblissant la population, il deviendrait ensuite plus facile de la réduire. On ne sait donc pas que cette population a été singulièrement augmentée depuis vingt-cinq ans; qu'elle s'augmente chaque jour par les naissances, par les émigrations des îles voisines, de celles de la Terre-Ferme, de tous les pays troublés de l'Amérique, de tous les Négriers qui, sortis de l'Afrique, et ne pouvant entrer dans les autres Colonies, par la crainte des croiseurs employés à surveiller l'exécution de l'abolition de la traite, se réfugient à Saint-Domingue, où ils sont achetés et payés comptant.

On ignore qu'il existe, assure-t-on, un traité entre cette Colonie et des négocians américains, pour la fourniture de quarante mille Nègres, payable en denrées coloniales au fur et à mesure de la livraison; que les deux tiers de cette traite doivent être des mâles au-dessous de vingt ans; qu'aussitôt livrés, ils reçoivent des soins particuliers à leur conservation; qu'on les laisse libres de choisir le travail auquel ils se croient appelés; que la majeure partie s'enrôle, et que cette conscription d'un nouveau genre réserve les Noirs créoles à la culture et aux divers métiers, quoique tous également armés et enrôlés.

Si le Gouvernement de France exécute avec une si scrupuleuse religion l'acte de l'abolition de la traite à l'égard de ses colonies de la Martinique et de la Guadeloupe, il semblerait que le ministère de la Marine aurait dû avoir sur les côtes de Saint-Domingue des frégates et divers bâtimens légers, destinés à cette croisière contre les Negriers; car les croiseurs anglais ne peuvent exercer cette surveillance, ni à l'égard du pavillon américain, ni à l'égard de la Colonie.

La compagnie de commerce une fois établie, ferait cesser ce commerce, qui deviendrait alors sans objet. Si elle avait besoin de cultivateurs en supplément, ainsi que les autres Colonies, on aurait la ressource indiquée par le Systême, de les retirer, par engagemens volontaires, des comptoirs de la France sur les côtes d'Afrique (1), dont il paraît qu'on s'occupe, car il ne

_____

(1) Ils y seraient instruits à la culture des terres, et à divers métiers, et traités comme des laboureurs et des ou-

serait pas raisonnable de croire qu'on pensât à y faire un établissement sérieux.

Les Colonies ne sont pas utiles, sous le seul rapport qu'elles produisent du sucre, du café, du coton, de l'indigo, etc., mais en raison des débouchés qu'elles offrent aux diverses manufactures et métiers de la Métropole qui les possède, et de la situation de ces Colonies, qui permet d'étendre l'exportation des objets manufacturés, par conséquent de se procurer un plus grand nombre et d'acheteurs et de consommateurs. C'est ainsi qu'il faut voir la situation heureuse de Saint-Domingue, placée au centre du golfe du Mexique.

Ce qui a le plus contribué à l'élévation de cette Colonie, c'est le commerce qui a subvenu aux moyens par ses avances, c'est le commerce avec les Colonies espagnoles qui venaient s'y approvisionner, et plus encore celui plus considérable qui s'y introduisait par interlope : c'est encore ce commerce dont la Colonie est devenue le centre, depuis les troubles de l'Amérique méridionale par la libre importation, qu'elle

---

vriers qui stipuleraient librement le prix de leur travail et le terme de leur engagement, comme cela se pratique pour les Européens engagés et partant périodiquement, chaque année, pour les États-Unis d'Amérique.

s'est soutenue à un certain degré d'opulence que l'on ne trouve peut-être pas dans une autre; car ses denrées s'y vendent à vil prix, vendues cependant en France, par le commerce étranger, à un taux si élevé.

Saint-Domingue jouit de ces avantages, malgré les événemens qu'elle a éprouvés, les craintes qui l'agitent, l'excès du despostisme dans une partie, de la liberté dans une autre, et dans toutes deux une administration qui n'a fait que des progrès lents; parce qu'elle ne peut s'occuper d'amélioration qu'avec le concours d'un protecteur puissant, les conseils d'un ami et d'un guide, c'est-à-dire, lorsque son sort aura été décidé.

Elle trouvera ce protecteur dans la France, et son ami et son guide dans l'administration de la Compagnie, dont le premier besoin est aussi de s'attirer l'amitié de la Colonie, et à laquelle tout fait un devoir d'y vivre en paix, de la maintenir et de favoriser le développement de l'instruction, de la civilisation et de tous les genres d'industrie.

L'établissement des Colonies a donc eu principalement pour but direct l'extension du commerce des Métropoles : par conséquent il a toujours été l'objet de tous les encouragemens, de toutes les faveurs. Au moins, c'est ainsi qu'on le considérait sous les régnes précédens, plus spécialement encore comme l'une des branches les plus productives du revenu de l'Etat et comme une force auxiliaire, nécessaire, indispensable à la puissance navale, sa conscription naturelle et l'école nautique-pratique de ses officiers et de ses matelots.

Mais, après tant d'années de cessation de tout commerce maritime, il doit paraître moins étonnant que ces grandes leçons données par l'expérience, démontrées par de plus grands succès, aient été peu suivies au milieu des embarras qui sont venus accabler le Gouvernement, au moment où il pouvait les mettre utilement en pratique.

Car on n'aurait point vu, à cette époque, comme aujourd'hui, les administrateurs des Colonies, ouvrir, sans de grands motifs d'urgence, les ports au commerce étranger.

On n'aurait pas surtout autorisé l'ouverture de ceux de Cayenne, dans le but de subvenir aux dépenses de son administration au moyen des droits perçus, tant à l'entrée qu'à la sortie, sur les divers objets importés et exportés par lui.

Mais si l'on ne pouvait couvrir, dans le moment, la dépense imprévue sur le crédit de quarante-huit millions, affecté à la marine, que nécessitait la prise de possession de Cayenne, il eût été préférable d'en charger une Compagnie de

commerce, qui aurait acquitté les frais d'entretien du gouverneur , de l'administration et
des troupes; au moins les liaisons, trop long-
temps rompues, qu'il est nécessaire de renouer
entre les Colonies et la France, auraient été en-
tretenues.

Il n'entre, ni dans le cadre de cet ouvrage, ni
dans nos intentions de relever des erreurs insé-
parables des circonstances; nous embrassons la
question générale dans les rapports qui la lient
aujourd'hui à la politique et aux intérêts généraux de l'Europe.

Dans cette vue, il importe aux Etats qui y sont
possessionnés de s'y maintenir , et de ne pas to-
lérer des fréquentations commerciales trop sé-
duisantes, et devenant, par-là, peu favorables au
commerce Français; car, comme on l'a déjà dit,
celui des Etats-Unis y sera toujours préféré, par
la facilité de ses communications, l'abondance
de ses vivres et leurs prix inférieurs.

Si la possession de Cayenne et de la Guyanne
est d'une faible importance, comme colonie
agricole, elle en acquiert, comme limitrophe du
Brésil, et par la culture des épiceries qui donne
des espérances.

La Compagnie de commerce pour Saint-Domingue pourrait lier ses opérations avec la colonie de Cayenne, et la faire fructifier, puis-

qu'elle aurait les moyens d'y verser des avances, sans lesquelles elle végétera constamment, plutôt que d'avancer en prospérité.

. Le commerce n'ignore pas que, s'il veut récolter, il est obligé de semer ; il ne manque jamais l'occasion de le faire, lorsqu'on lui en laisse la faculté, et qu'on lui donne des garanties de remboursement. Dans ces circonstances , cette garantie ne peut être certaine pour lui, qu'en formant aujourd'hui les établissemens auxquels les Colonies dûrent leur commencement, leur accroissement, et leur protection; c'est-à dire , les Compagnies de commerce.

Quant à ce qui regarde Saint-Domingue, nous répétons qu'il n'y a qu'un corps puissant, ayant une existence certaine , permanent , composé d'intéressés nationaux et étrangers, familiarisés avec les affaires, et ayant des capitaux suffisans à qui l'on puisse confier une entreprise de cette importance.

Quoique le nouveau Systême de Colonisation, par une mesure qui a moins dépendu de l'autorité, comme on le voit, que des préjugés de l'administration des Colonies , ait été arrêté dans sa publicité, nous pourrions dire que cette opinion , s'est changée en doctrine , par la sanction de l'opinion publique.

Elle juge qu'il faut, et des droits fixes pour la

*

Colonie, et un intermédiaire nécessaire entre elle et la France, pour rétablir la confiance, rassurer et calmer les esprits, et éloigner tout prétexte à la renaissance des troubles. Elle juge que cet intermédiaire doit être, en quelque sorte, une puissance neutre, pouvant néanmoins servir d'auxiliaire et à la France et à la Colonie, afin de mettre celle-ci à l'abri de tout danger dans la position des affaires.

Toutefois, en reconnaissant le principe, on fait plusieurs observations de détail, concernant l'organisation de la Compagnie: nous répondrons aux principales.

On trouve que la première mise de fonds par la Compagnie, fixée à vingt millions, divisée par actions de mille francs, est trop inférieure à celle qu'exige une telle entreprise.

Malgré les concessions qui lui seraient faites par le Gouvernement, de bâtimens armés, et d'autres objets d'établissemens utiles, à titre d'encouragement, on propose de porter le capital à 45 millions, et d'en réserver un tiers pour la Colonie, afin de la faire entrer dans cette opération, de lui donner part dans les délibérations, qu'elle puisse les suivre et être à même de juger que rien ne peut s'y passer de contraire à ses intérêts et aux statuts de son institution. De cette manière, la Colonie travaillerait, de son côté, à tout ce qui pourrait servir la Compagnie, à favoriser son établissement, à fortifier et à rendre plus intime la confiance qui doit les unir l'une à l'autre. Ce perfectionnement à l'organisation de la Compagnie est juste, et nous le regardons comme pouvant avoir les plus heureux effets.

Le centre des opérations actives de la Compagnie, fixé à Bordeaux, a fait naître quelques observations. Dans notre projet, nous avons été déterminés à lui donner cette préférence par plusieurs motifs politiques.

Cette place de commerce ne s'est, dans aucun temps, adonnée à la traite des Noirs, ou s'y est peu livrée. Elle a donné le jour, ou elle a élu, pour députés aux diverses législatures, des orateurs qui ont fait la gloire de la France par leur éloquence, qui ont été égalés. mais qui n'ont pas été surpassés, et qui, à toutes les époques, ont toujours défendu la cause de l'humanité, et fait rendre, sous la dénomination de *Girondins*, des décrets favorables aux hommes de couleur et aux Noirs.

Enfin, cette ville avait armé six mille hommes de gardes nationales, et se disposait à faire cet armement, à ses frais, pour soutenir l'exécution de ces mêmes décrets. Ces circonstances réunies donnent à Bordeaux des

avantages particuliers que Saint-Domingue lui
conservera long-temps ; son commerce y sera
toujours préférablement accueilli. On y parle
généralement le patois, ou le provençal ; on
voit l'un et l'autre avec plaisir. C'est cette faveur que nous avons annoncée à leur égard,
qui a sans doute donné lieu d'y envoyer des
bâtimens, partant de ce port, maladroitement
et impolitiquement expédiés sous pavillon neutre , qui transforme des *Gascons en Hambour-
geois ou en Prussiens* (1).

Les cargaisons qui se forment à Bordeaux sont
plus recherchées, par les divers articles dont elles
se composent. La réputation de cette ville, son
port, ses anciennes communications avec la Co-

---

(1) On rapporte que *Petion*, visitant un magasin de
nouveautés, nouvellement arrivé par un bâtiment prussien, et reconnaissant le capitaine, lui dit : Mais vous
êtes le capitaine A.... de Blaies. Non, Monsieur le général,
je suis prussien : mes papiers l'attestent ; je suis bien en
règle. Cependant c'est vous.... Il lui parle patois. A cet
accent, le capitaine ne peut plus se retenir, vous ferez ce
que vous voudrez de moi , mais je n'y résiste pas : je suis
toujours le même que vous avez connu, non pas de Blaies,
mais de Bordeaux : je m'en fais honneur. Alors Petion lui
prenant la main, la lui serre affectueusement, et lui avoue
que s'il avait persisté à désavouer le titre glorieux de français , il eût fait fermer ses magasins. Eh ! croyez – vous,
ajouta-t-il , que j'aie cessé de l'être ! venez dîner avec moi.

Ionie, son climat qui a fixé un grand nombre de propriétaires, et les sommes immenses qui lui sont dues, semblent devoir y placer l'établissement de cette grande opération qui doit rapprocher et resserrer, par la suite, et par le moyen d'une mutuelle confiance, des liens trop brusquement rompus.

On ne combat point ces motifs légitimes ; mais on fait apercevoir la difficulté pour les bâtimens d'entrer en rivière ; que cette place est déjà opulente ; que devenant le centre du commerce de la Compagnie, elle attirerait à elle tous les bénéfices ; qu'elle n'a aucun établissement convenable pour y recevoir les retours de Saint-Domingue, pour les armemens et les désarmemens des bâtimens ; et, enfin, qu'il serait juste et plus praticable de placer ce centre à Lorient, qui était autrefois celui de la Compagnie des Indes, réunissant et possédant tout ce qui peut convenir à la même entreprise ; que ce port a fait d'immenses pertes en perdant le commerce des Indes ; qu'on ne peut le relever de cette chute qu'en y fixant l'entrepôt de la Compagnie nouvelle. Ces raisons alléguées en faveur de l'une et de l'autre place, sont extrêmement vives et pressantes. L'autorité les pesera, s'il devient nécessaire.

Un point qui présente plus de différence dans

les opinions, est celui qui est relatif aux six
mille hommes que la Compagnie serait autorisée
à avoir à sa disposition pour tenir garnison dans
les deux places qui lui seraient cédées, à l'île
de la Tortue où se tiendrait le siége du gouvernement de la Compagnie, à l'île de la Gonave,
et à l'établissement proposé sur la rivière de
l'Artibonite, dans l'intention de prévenir toute
contestation entre les deux gouvernemens colo-
niaux, tout désir d'empiétement de l'un sur l'autre, et, enfin, pour garantir leur indépendance
réciproque. La compagnie doit effectivement
disposer d'une certaine force pour être à l'abri
des événemens, sans que, dans aucun cas, elle
puisse augmenter cette force sans de nouvelles
lettres-patentes, expresses à ce sujet.

D'une part, ce corps de troupes n'est pas
assez considérable, de l'autre il l'est trop. Ce
dernier sentiment est celui de la Colonie : l'ob-
servation en a été faite à l'auteur par l'agent
dont il a été parlé ; il représentait que la Compagnie, étant installée, n'avait besoin que de
troupes pour lui servir uniquement de gardes
d'honneur, et pour les garnisons où elle en
placerait ; qu'en conséquence trois mille hommes suffiraient ; qu'au surplus, la première ne
pouvait inquiéter le pays ; qu'il était de l'intérêt
de la Compagnie de diminuer ses dépenses, et

que si , comme on devait le présumer , elle n'a-
vait aucune arrière-pensée, elle en opérerait
elle-même la réduction. D'ailleurs , il n'est pas
dit que les six mille hommes, levés au compte
de la Compagnie, doivent faire partie des premiers préparatifs d'installation.

Quant à la force de mer dont disposerait la
Compagnie pour protéger son commerce, convoyer ses expéditions, elle est, dit-on, trop ré-
duite, et on pourrait l'augmenter sans donner
des inquiétudes , en raison de ce que ces mers
sont parcourues par les corsaires insurgens de
l'Amérique. Mais on ne croit pas que ce danger
existe pour des bâtimens appartenant à un établissement créé dans le but de garantir des
droits à une Colonie, et non pas dans celui
de les lui arracher par la force et par la violence.

Il existe une objection plus forte, objection
qui se changerait en opposition, peut être invincible pour le moment, qui renverserait toutes
les espérances d'un meilleur avenir, si elle était
fondée, et s'il était vrai qu'elle eût été faite. On
craint que le mini-tère de la Marine et des Colonies ne considère qu'il perdrait l'administration
politique de Saint-Domingue, et toutes les attributions du pouvoir législatif sur les Colonies,
réservé au Roi suivant la Charte , par l'établisse-

ment de la Compagnie, et par l'indépendance de son autorité.

Il faut, d'abord, dissiper ces alarmes qui sont sans fondement. La Compagnie serait et doit être indépendante de l'action du Gouvernement, par la raison qu'elle doit offrir des sûretés aux actionnaires, que son administration est toute particulière, qu'elle n'est relative qu'à des opérations commerciales, dans lesquelles le ministère de la Marine ne peut intervenir, et qu'enfin c'est la garantie qui a été donnée à toutes les Compagnies de commerce qui ont été précédemment établies.

Cependant, comme il s'agit ici d'une institution toute nouvelle, d'attributions particulières accordées à celle-ci, résultant de la réclamation, de l'administration, de la régie des biens des propriétaires, par voie de conciliation, qu'il est nécessaire de régulariser ces attributions; comme il s'agit, d'une autre part, de reconnaître des droits particuliers à la Colonie, d'en garantir l'exercice, que la Compagnie est chargée d'en être la gardienne, comme de maintenir les droits de la couronne, il a été établi près de la direction générale de la Compagnie, ce qui n'avait pas été pratiqué autrefois, un commissaire général du Gouvernement, afin de surveiller les intérêts et des actionnaires et des propriétaires,

l'exécution et des lois et des statuts, créateurs de
cette association : par conséquent, le ministre
de la Marine est représenté par ce commissaire.
Il conserve toujours la même autorité sur les
équipages et marins des bâtimens de la Compagnie, étant soumis aux lois générales : il perd,
il est vrai, l'administration politique de Saint-
Domingue et ses accessoires honorifiques ; elle
passe dans les mains de la Colonie, qui en jouit :
c'est une concession qui lui est faite. On ne peut
pas donner et retenir en même-temps. Mais ce
département gagne aussi, en compensation, ce
qu'il n'a pas, ce qu'il ne peut pas même espérer
de jouir, c'est à dire, le rétablissement d'un
grand commerce maritime qui élève, forme et
instruit des marins ; il se crée, en quelque sorte,
un auxiliaire de la Compagnie ; il s'ouvre à St.-Do-
mingue des ports et de nouvelles ressources per-
dues pour lui depuis long-temps ; il reprend sa
place dans une position avantageuse en Amérique ; et servant enfin efficacement la cause européenne dans ces circonstances, il donne aux
affaires une nouvelle direction, et sort son Gouvernement d'une attitude embarrassante, qui
n'est pas faite pour lui.

Nous ne craignons pas de le dire : *c'est le
seul pont qu'on puisse jeter sur quelques bases
solides pour passer avec sécurité à Saint Do-*

mingue. On s'en servira si l'on veut ; mais voilà les matériaux propres à sa construction : la gloire en reviendra bien plus sûrement à l'architecte qui élèvera l'édifice, qu'à l'auteur du plan qui les aura réunis.

Si l'on a suivi la discussion, il sera facile de pressentir que les motifs que nous venons d'exposer ont pu avoir quelque part au sort de l'ouvrage du *Nouveau Systême*, et à la résolution, trop légèrement prise, de le mettre à l'index, lorsque la raison d'Etat conseillait peut-être d'imposer silence à la vanité, d'honorer le zèle, et de le faire servir au profit de l'intérêt public : c'est donner à la Colonie des préventions défavorables.

Néanmoins, le déplacement important, qui s'est opéré dans la direction des Colonies, permet de réparer ces erreurs et de relever les espérances, à moins que, dans l'intention d'éviter le *pont*, l'on ne conserve l'illusion trompeuse de se frayer une route plus difficile à travers des précipices, sans en voir le terme, pour arriver, s'il est possible, à un pouvoir plus étendu sur la Colonie ; car il n'y a que ces deux routes, *ou celle ci*, ou *celle du pont*. L'une et l'autre néanmoins sont plus honorables que le parti de rester stationnaire, de n'oser ni avancer ni reculer, ou de ne s'y montrer que sous un déguisement :

rôle insignifiant et faible; que l'honneur désavoue.

Mais le ministre actuel de la Marine, qui, heureusement, n'a pris aucune couleur tranchante dans ce débat, qui, par conséquent, a le choix du chemin, préférera, sans doute, celui qui conduit à la gloire d'être le pacificateur de la Colonie, aux regrets irréparables d'en être le destructeur; il repoussera ces insinuations dangereuses, et fera cesser le déguisement.

Ce n'est pas cependant qu'un généreux enthousiasme n'enflamme encore quelques imaginations délirantes; il est des personnes qui, ne se rendant à aucune considération, ne mesurant ni les distances, ne consultant ni le changement d'époque, ne voyant que par le prisme de leurs passions, veulent qu'on ne garde aucun ménagement, que la force seule décide la question: elles répètent aujourd'hui, comme il y a seize ans, qu'une armée expéditionnaire de trente mille hommes, un recrutement annuel de dix mille, et 6o à 8o millions de dépenses par an, réduiraient cette Colonie. On peut faire de plus grandes choses avec une telle ressource, des hommes dévoués et un grand général; tandis qu'employée à Saint-Domingue, on parviendrait tout au plus à réduire la Colonie en cendres.

Il serait inutile de revenir sur l'épouvantable

catastrophe de l'expédition de 1802 : l'armement.
le plus formidable qui soit sorti des ports d'Europe, et s'appuyant sur une action de force
et de puissance centrale, suffisante pour remuer
le monde, n'a pas moins été anéanti en deux
ans.

On ne s'occupera pas sérieusement à réfuter
des projets de cette nature. Il faut se horner
seulement à les indiquer à la sagesse du Gouvernement, pour éloigner le danger, déguisé en-
vain sous le prestige d'un triomphe certain, pour
lui épargner le désagrément de faire des concessions qui coûtent toujours à l'autorité de
consentir, quand elles sont obligées.

Mais ces concessions ne sont point obliga-
toires pour lui ; elles ne sont que relatives aux
circonstances dans lesquelles le place la situation de l'Europe par rapport à l'Amérique.
C'est un grand point à considérer.

Un Gouvernement ne s'abaisse point en traitant favorablement un pays où il désire entrer.
La prudence qu'il fait paraître en évitant de
lui faire du mal, et de s'en faire à lui-même,
relève l'éclat de sa grandeur.

On a toujours reconnu et suivi cette maxime,
qu'il faut faire un pont d'or à l'ennemi qui fuit
ou qui capitule. Les troubles civils ou de famille
ne se terminent ordinairement que par des

arrangemens qui flattent l'amour-propre. Un
général d'armée est certain de prendre une
place dans un temps déterminé : on propose de
la lui rendre avant ce terme à des conditions
honorables, il accepte avec empressement, par
la raison qu'il compte les hommes que peut lui
faire perdre son refus, et surtout par la considération puissante qu'il veut avoir la place in-
tacte et non détruite, et que, dans cette position, il obtiendrait moins.

Le Gouvernement enverrait trente mille
hommes à Saint-Domingue, même avec la reconnaissance des droits que nous réclamons, afin
de le dispenser de cette dépense par la pacification , que cette armée serait forcée d'y combattre ; car la Colonie ne croirait point à la sincérité de trente mille pacificateurs armés; et
que, certainement, on ne destinerait point à en
faire le soutien de ses prétentions.

On est donc convaincu qu'il est essentiel
d'employer une autorité intermédiaire et neutre, utile à la Colonie, et qui ne puisse ni l'effa-
roucher, ni lui donner de l'inquiétude, et
comme l'a dit M. le comte *Beugnot : « qui*
» *établisse insensiblement entre la Métro-*
» *pole et cette ancienne Colonie, des liens*
» *de commerce et de bienveillance qui con-*
» *duiraient nécessairement au besoin de com-*

» *muniquer avec la France, et bientôt après*
» *d'en être protégé* (1).

La Compagnie de commerce est l'autorité
intermédiaire appelée à cette destination. Elle
préparera les esprits à l'accueillir comme médiatrice, en réclamant pour la Colonie les nouvelles institutions qui doivent lui assurer une
existence paisible, et fonder les liens de leur
union.

Ces institutions une fois reconnues, si la
Colonie, ou quelque partie de la Colonie, mon-
trait de l'opposition, la Compagnie leverait et
applanirait facilement ces obstacles; elle disposerait de ressources que dédaignerait d'employer un chef d'armée qui commande par le
sabre, et qui veut être obéi.

Faudrait-il combattre? La Compagnie com-
battrait encore; mais dans cet état de choses,
les désastres seraient moins grands; la guerre
changerait de face; les motifs n'en seraient
plus les mêmes; elle se civiliserait, si l'on peut
s'exprimer ainsi; il y aurait moins d'exaspération; la Compagnie temporiserait, négocierait,
et pourrait en même temps réparer les pertes.

Mais ces craintes n'existent plus, dès l'instant qu'on en aura détruit la cause par la stipu-

---

(1) Lettre de Monsieur le comte Beugnot à l'auteur.

lation des avantages reconnus à la Colonie ; elle ne demande pas autre chose.

Si l'on s'en rapporte aux bruits publics et à ce qui a été inséré dans les *Lettres Normandes* ; il semblerait que le général *Boyé* aurait fait déjà proposer de payer un tribut à la France et ; de recevoir son commerce , si elle reconnaissait l'indépendance de la partie Colombienne où il commande, en se réglant, à cette exception près , sur le nouveau Système de Colonisation. Quand ces bruits seraient sans fondement , on est aujourd'hui autorisé à préjuger que l'on y accueillera des propositions raisonnables ; et , ainsi que nous l'avons dit dans le cours de cet Essai , ces dispositions d'une partie de la Colonie entraîneront nécessairement l'autre. Nous en avons exposé les motifs.

D'après ces espérances, on doit remarquer la différence immense entre les résultats que présente le choix du chemin par le *passage du Pont*, dont l'entreprise n'est pas sans honneur, qui mène droit à la conciliation , qui conserve tout, fait tout prospérer ; qui dispense le Gouvernement de faire aucune dépense en hommes et en argent , qui le ferait bénir ; et l'emploi d'une armée expéditionnaire , qui renverse tout, qui menace les hommes et les choses d'une destruction certaine , dont la dépense serait in-

calculable pour obtenir le mince avantage,
supposé encore qu'on l'obtînt, d'y rétablir l'ancien regime, ou plutôt de l'établir sur des
ruines.

Cette différence est encore plus sensible par
des calculs qui trompent moins les yeux.

La France est engagée pour des sommes énor-
mes dans lesquelles elle a été entraînée par la
dernière expédition.

On évalue la dépense de celle-ci à 80 millions par an; et pendant cinq ans, pour en ve-
nir à une fin, la somme à dépenser serait donc
de 400 millions.

On ne peut pas entretenir à Saint-Domingue,
tout y étant d'un tiers plus cher qu'en Europe,
une armée de 30 mille hommes, sans une dépense de moins de 80 millions par an, y compris la solde, la nourriture, la plus value de
rations, le grand et petit équipement, l'armement, le fourniment, les hôpitaux, etc., en y
ajoutant celle de l'artillerie et de la cavalerie,
leur transport, et l'entretien d'une marine dans
une force proportionnelle. Ne devant pas compter y trouver aucune ressource, il faudrait
tirer, par conséquent, presque tous les appro-
visionnemens des Etats-Unis.

Il faudrait, après la conquête, relever là
Colonie et ses établissemens. Où en prendrait-

on les moyens ? On fera une exception, dit-on ;
pour tant d'années, en faveur de Saint-Domingue, à l'acte de l'abolition de la Traite. Pour
la remettre dans son état de culture, on évalue
que 350 mille Noirs seraient nécessaires.

Il reste certainement à l'Afrique plus de
350 mille habitans ; « mais cette possibilité of-
» ferte, quant au territoire, est-elle donc suffi-
» sante ? crée-t-elle aussi celle de doubler, de
» quadrupler les navires, les équipages, les
» marchandises indispensables pour la Traite ?
» en supposant que les Africains ne manquas-
» sent jamais à toutes ces combinaisons. (1) ».
Il s'agissait d'examiner le projet conçu avant
la révolution, d'établir la partie Espagnole dont
on réclamait la cession, et de faire de toute
l'île un établissement colonial immense, qui exi-
geait au moins un million de Nègres. M. Moreau
de Saint-Méry réfute ce projet ; il en signale les
difficultés, et il ajoute : « Nous supposerons
» qu'au moyen des recrues, tirées des autres
» îles, il n'y ait que sept cent mille individus à
» demander à l'Afrique, et qu'elle les ait accor-

_____

(1) Description topographique et politique de la partie
espagnole à Saint-Domingue, par M. Moreau de Saint-
Méry, ancien Conseiller-d'état. Édition de Philadelphie,
1796.

*

» dés. Ils sont à bord des vaisseaux , ils ont·
» franchi les mers : les voilà prêts à débarquer
» sur la plage. Je demande qui a préparé ces
» cent soixante - quinze millions de piastres
» gourdes avec lesquels il faut les payer, ou
» 957,500,000 fr. , près d'un milliard ? » Les
trois cent cinquante mille Noirs , en remplacement de ceux détruits, reviendraient donc à
500,000,000 fr. , sans compter la mortalité, que
M. Moreau de Saint-Méry éléve au vingtième
des individus nouvellement traités et débar-
qués ; et en cent cinquante ans, on ne les
réunirait pas.

Voilà donc déjà un milliard de dépense sans
fruit.

Qui pourrait calculer ce que coûterait le rétablissement des usines, des villes, etc. ? En
combien d'années, ou plutôt en combien de
siècles s'opérerait-il ? Que retireraient les propriétaires d'une entreprise qui comblerait leur
ruine, tandis qu'ils ont encore des espérances
d'un sort plus heureux ? Enfin, quel but, d'a-
près ces calculs, pourrait se promettre la Métropole ? Elle en est moins effrayée , sans doute,
que des malheurs qui seraient la suite d'une expédition dont on doit redouter même jusqu'au
succès.

Dans notre système , le Gouvernement reste

sans inquiétude sur des chances toujours douteuses quand elles dépendent du sort des armes, dans un climat aussi mortel. Il retire, 1°. un tribut annuel qu'on peut porter, sans charger la Colonie, à...... 12,000,000 f.

2°. La même somme à percevoir pendant cinq ans pour les 60,000,000 fr. de dédommagement que nous avons stipulés en sa faveur, ci............. 12,000,000

3°. Les droits à percevoir sur 15,000,000 fr. de revenu, que produit la Colonie en diverses denrées, ci................ 15,000,000

4°. Les droits sur ces marchandises et denrées importées de France dans la Colonie, valeur de la même somme au moins, ci...................... 6,000,000

5°. Les droits de timbre, d'enregistrement, de contrôle, sur les actes relatifs à la Colonie, à la Compagnie, aux individus, sur les procurations, les ventes, les cessions, les donations, etc. On les évalue à................ 5,000,000

TOTAL................ 50,000,000 f.

Cette balance annuelle de cinquante-quatre millions de bénéfices , supputée au *minimum*, en faveur du Gouvernement, mérite sans doute quelque attention, et qu'on s'occupe des moyens d'effectuer une transaction qui l'en mettrait en possession.

Le commerce, les manufactures et l'agriculture n'y sont pas moins intéressés ; elle leur procurerait des débouchés assurés , donnerait du travail aux ouvriers, mettrait de l'aisance dans les affaires par le mouvement annuel d'un capital de 200 à 300 millions.

Tels seraient les résultats du Systême. Ce ne sont point, ici, de ces illusions trompeuses qui égarent, quelquefois, les meilleurs esprits. Mais si l'on peut avoir des probabilités de succès établies par des données certaines, sur un problême qui ne peut être soumis à des réglés mathématiques, nous nous flattons au moins qu'on les trouvera dans cette combinaison commerciale et politique , si on les compare , d'ailleurs, avec les chances différentes qu'on rencontrerait infailliblement par une autre route que par celle *du Pont.*

Néanmoins, comme tout doit être prévu dans une entreprise de cette nature , et ne rien donner au hasard , on veut supposer qu'elle éprouve toutes les difficultés, toutes les résistances de la part de la Colonie, que ses ennemis peuvent lui prêter; qu'elle ne puisse ou ne veuille s'y établir en raison de ces obstacles. Dans ce cas là même, il n'y a à craindre aucune perte de fonds pour les intéressés. Ils seraient couverts, et par la vente des cargaisons de la Compagnie dans les divers ports de l'Amérique, *aux Etats-Unis, à la Havanne, à Porto - Rico, au Mexique, dans la rivière de la Plata, au Brésil, à Saint-Domingue même,* et par les retours. Elle se réduirait à une grande opération commerciale, convoyée par des forces maritimes appartenant à la Compagnie, qui, non-seulement, éloigne toute crainte de perte, mais encore qui pourrait présenter des bénéfices; et la Compagnie n'en subsisterait pas moins...

Nous nous sommes exagéré à nous-mêmes la grandeur des obstacles, afin d'y renoncer s'ils étaient évidens, et s'ils ne pouvaient être vaincus; et aidés des lumières de personnes plus expérimentées que nous dans ces matières, et qui connaissent les dispositions de la Colonie, nous nous sommes fortifiés dans la conviction, et de l'utilité, et de l'importance de cette entreprise.

En effet, si cette association, formée pour rattacher la Colonie à la Métropole par de nouveaux liens politiques et commerciaux, agréables à la Colonie, favorables à la France, et fixant le sort incertain et des hommes et des choses, est accueillie avec cette confiance et cette amitié qu'elle doit attendre, et que la Compagnie encouragera pár l'emploi de tous les ménagemens auxquels elle est obligée, quelle perspective de propriété n'a t-elle pas devant elle, en envisageant l'étendue du commerce que lui offre cette position ! Que peut la Colonie, de son côté, espérer de plus ? Elle obtient tout ce que ses vœux, même les plus éloignés, pouvaient présenter à son imagination, dans l'horison le plus obscur.

Un peuple nouveau, transporté sur une terre hospitalière, arrosée, il est vrai, de ses sueurs, de ses larmes et de son sang, esclave hier, aujourd'hui faisant ses lois, élisant ses chefs, réglant son administration, vivant en paix sous l'égide et la protection d'un Souverain magnanime, qui fait céder son autorité à l'empire de la raison, au salut de l'humanité, a-t-il autre chose à demander au ciel, que de lui garantir longtemps ce bonheur ?

Combien de peuples plus grands, plus avancés en forces, en industrie, en civilisation, enseignant aux autres la résignation, les arts et les sciences, et la douce philosophie qui console l'homme dans l'adversité, nés avec le sol qui a vu naître et mourir leur aïeux, sont loin d'une telle destinée! Mais la Colonie jouit de cette destinée; il faut la lui conserver. Il est doux de concourir à augmenter le nombre des hommes heureux !

Jusqu'ici, nous avons réfuté des argumens plus spécieux que solides, et nous nous flattons de l'espoir d'avoir réuni de notre côté les hommes justes et les hommes qui pensent. Mais les adversaires se sont attachés à des raisonnemens qu'ils appuient de la politique.

Ils accordent que le Système conviendrait mieux dans d'autres temps et dans d'autres circonstances ; ils représentent comment il serait possible de reconnaître un état de choses semblable à celui proposé pour Saint-Domingue, quoiqu'on ne puisse en contester les avantages immenses pour le commerce, lorsque l'Espagne affaiblie par l'invasion, sans ressources financières, sans commerce, sans base de crédit et de confiance, privée de l'énergie que communique à une nation un Gouvernement libre, du dévouement qu'il inspire, ayant la moitié moins de population que la France, fait néanmoins des efforts si grands, si disproportionnés avec sa situation, pour reconquérir ses droits sur ses Colonies ; que si le Gouvernement français accueillait la politique qu'on lui conseille par rapport à Saint-Domingue, il forcerait l'Espagne,

ou à la suivre, ce qu'elle n'est pas disposée à faire,
ou à établir une division si confuse dans le régime des Colonies, quand il doit être unique
dans les principes généraux, qu'il serait impossible de parvenir à terminer ces différends, et
à éteindre le foyer de l'insurrection dans cette
partie du monde !

Nous n'avons affaibli, en aucun point, les
nouveaux motifs d'opposition au Système : nous
les rapportons tels qu'ils nous ont été transmis
par des personnes qui nous ont communiqué
leurs craintes personnelles, ou celles que la direction des Colonies leur aurait témoignées.
Ces argumens ne sont pas si pressans qu'ils ne
puissent être réfutés avec les mêmes avantages
que nous avons démontré l'erreur des opérations entreprises d'après le même esprit.

Nous pensons avoir suffisamment établi, dans
l'ouvrage du Système, et dans cet Essai, la situation affligeante de l'Espagne, en Europe et en
Amérique, dans laquelle elle a été plongée par
les suites de l'invasion, et de laquelle elle pouvait néanmoins se relever par l'établissement
d'une autre forme de Gouvernement. C'est de
la connaissance de cette situation que nous
avons reconnu la nécessité pour elle de faire
quelques sacrifices à la paix pour lui rattacher
ses Colonies. Ce qu'elle eût obtenu, il y a deux

ans, devient plus difficile à obtenir aujourd'hui,
si plutôt cela ne paraît pas impossible.

Il y a une grande erreur d'avoir trop facilement fourni aux insurgens l'occasion de mesurer
leurs forces avec celles des Espagnols. Nous
l'avons dit : ce n'est pas avec les armes qu'on
apaise des troubles civils, et qu'on satisfait à
des réclamations justes; et soit que les succès
militaires des premiers soient réels, soit que ceux
des seconds n'aient été ni éclatans ni décisifs,
l'insurrection s'est propagée, les événemens se
sont étendus, les prétentions de l'Amérique se
sont élevées, les ressources de l'Espagne se sont
épuisées, des intérêts étrangers sont venus s'y
croiser et sont intervenus dans cette querelle,
comme cela arrive toujours dans ces sortes de
querelles de famille.

Que l'Espagne n'abandonne pas l'espérance
de faire triompher ses armes, puisqu'elle s'est
privée des moyens de pacification, on le con-
çoit : elle a été poussée dans ce labyrinthe, et
s'y enfonce chaque jour. Quelle sera la main
puissante qui conduira le fil pour l'en sortir? On
n'en sait rien ; on n'en aperçoit aucune qui puisse
lui rendre ce service, au moins sans une compensation égale aux pertes qu'elle éprouverait,
restant abandonnée à ses propres ressources, ou

plutôt sans rendre ces pertes et plus sensibles et plus irréparables pour elle et pour l'Europe.

Encore une fois, il ne faut pas voir l'insurrection de l'Amérique méridionale, produite par l'effet unique des passions de ses habitans qui cherchent un sort meilleur, peut-être une chimère, qui s'y attachent néanmoins, qui combattent pour cette erreur, qui savent mourir pour la défendre; mais comme un mouvement nécessaire, irrésistible, amené par l'ordre naturel des choses qui, dans sa marche, élève un peuple sur la scène du monde. De même qu'à de certains intervalles, marqués par des causes connues ou inconnues, il en abaisse d'autres, ou les fait disparaître : de même, à son tour, celui-ci devenant vieux, vicieux et corrompu, sera abaissé.

Les peuples sont poussés, par l'instinct qui appartient à l'espèce, à prendre un rang dans le monde, comme les individus parmi leurs semblables. Il est quelques philosophes qui dédaignent ce rang, qui préfèrent une heureuse obscurité, et qui pensent qu'il n'est pas la peine de se montrer orgueilleux, pour le peu de temps qu'on a à jouer ce rôle dans cette vie fugitive et passagère. Mais la foule se presse ainsi que les masses, et l'espèce est conduite par le senti-

ment de sa durée, que Dieu a placée en elle.
C'est dans cette âme universelle du Créateur,
qu'elle puise le désir toujours renouvelé, toujours animé des mêmes feux, de s'avancer vers
la perfection, et à rendre les individus, et plus
heureux et meilleurs. De là, le besoin de la civilisation qui développe les facultés intellec-
tuelles, d'une religion qui soit le fondement et
l'appui de la morale, et de sages institutions qui
règlent la communauté de biens, qui est toute
entière dans la jouissance de la propriété et de la
liberté individuelles.

Tout ce qu'il est permis de faire, en reconnaissant cette vérité, c'est de diriger le mouvement de l'Amérique, au lieu de lui opposer des
efforts impuissans pour l'arrêter ; elle s'irritera
de la résistance, elle en prendra de nouvelles
forces.

Ainsi, ce que fait l'Espagne, à l'égard de
l'Amérique, est, précisément, ce qui doit empêcher la France de l'imiter. La situation du
pays où elle devrait agir est également aussi
différente que la situation politique des deux
Royaumes.

Quoique sous la même latitude, le genre de
culture et de produits n'y est pas le même dans
la partie française de Saint-Domingue. Là, il
n'en existe pas d'autres que ceux qu'on appelle

génériquement *denrées coloniales*. Toutes les
terres ont été employées à cette culture. La Colonie est obligée de tirer du dehors tout ce qui lui
est nécessaire. C'est une véritable Colonie où
tout a été sacrifié à l'utilité du commerce ; elle
se compose, pour ainsi dire, de grandes manufactures, auxquelles sont attachés exclusivement des Noirs pour les rendre profitables ; il
n'y a plus de race indigène. La propriété y est
moins divisée qu'ailleurs ; elle ne pouvait l'être,
ces établissemens exigeant des capitaux trop
considérables. Une étincelle peut produire un embrâsement général, et tout détruire. Nous avons
fait la récapitulation des dépenses en argent et du
temps qu'entraînerait son rétablissement. Ceux
qui possèdent maintenant à un titre précaire, n'ont
rien à perdre dans cet événement, qui devient
pour eux un moyen de salut. L'on sait quels sont
les résultats de ces déterminations inspirées
par le désespoir ou par l'exaltation du plus généreux enthousiasme, du plus sublime dévouement dont une nation a donné l'exemple étonnant. L'embrâsement de Moscou a sauvé l'empire russe.

L'Amérique méridionale est un pays immense,
dont les deux tiers sont incultes, qui réunit les
cultures des deux hémisphères, particulièrement
celle des bestiaux. Ses grandes manufactures

sont ses mines d'or et d'argent. Le feu de la
guerre ayant moins d'intensité, doit par conséquent y exercer moins de ravages, et surtout de
moins prompts. Il n'y a aucune comparaison à
faire entre ces deux possessions. De l'une on
peut former de grands Etats ; l'autre doit rester
toujours une Colonie avec des modifications dans
son régime intérieur, et dans ses rapports commerciaux avec la Métropole.

Ces modifications conseillées à la politique de
la France, concernant Saint-Domingue, ne
sont donc pas plus susceptibles d'application à
l'Amérique méridionale, que les modifications
que réclame celle-ci par rapport à l'Europe.

D'un autre côté, il n'y a aucune raison d'adopter, pour cette époque, un principe unique de
législation dans le régime et des îles et du continent de l'Amérique. C'est peut-être l'époque
où l'on soit forcé de s'écarter plus directement
de ce principe, qui n'a même jamais existé.

Sans doute il y a un principe qu'il faut suivre
aujourd'hui ; mais c'est le principe qui doit régler et concilier la justice avec la politique ; principe inaperçu, et que nous avons établi. Il réside
purement et uniquement dans une organisation
nouvelle de l'Amérique méridionale, et dans
une nouvelle division territoriale, pour maintenir et fortifier son union, non-seulement avec

l'Espagne, mais avec l'Europe. Il n'y a pas d'autre moyen de terminer cette lutte et d'éteindre le foyer de l'insurrection, sans quoi on ne fera que l'attiser et le rendre plus violent.

L'Amérique est une terre, pour ainsi dire, nouvellement découverte pour l'Europe ; elle n'existait pour elle que sur la carte. Les événemens actuels viennent seulement la lui faire connaître. Elle était interdite au commerce ; les voyageurs ne pouvaient y pénétrer à moins d'une permission expresse du Conseil des Indes. Cette interdiction ne peut se continuer. Les habitans ne se soumettront plus à cette excessive rigueur d'être privés de ces communications fraternelles qui ont tant d'attraits, d'être condamnés à cet éloignement qui en faisait un peuple tout aussi séparé qu'avant la découverte : ils se soumettront moins encore à subir des lois, écrites avec l'encre de Dacron, livrant aux mines l'auteur du simple délit d'un objet de contrebande ; supplice qui surpasse en réalité le tableau de l'Enfer présenté à notre imagination troublée, par l'imagination terrible et brûlante du Dante.

La crainte de retomber dans cette espèce d'excommunication politique, agit peut-être aussi fortement sur les esprits, que l'amour de la liberté et le besoin de se mettre à l'abri de l'inquisition et du ressentiment de la Métropole.

L'Europe ne pourrait-elle réclamer une part dans une communication directe avec ce pays? Les hommes répandus sur la surface de ce globe ne doivent-ils pas former une association générale, mettre en partage et leurs biens et leurs maux, se consoler mutuellement de ceux-ci, et jouir des autres? Quel lien plus agréable peut, plus facilement que le commerce, concourir à former cette heureuse union? Il rapproche les hommes par le besoin; il en crée des amis par la confiance!

Devenue plus industrieuse, l'Europe n'est-elle pas obligée de chercher des débouchés favorables à son activité, à donner un écoulement ménagé à sa population, qui, s'agglomérant trop et pesant sur elle-même, s'agiterait encore dans de nouvelles convulsions? Ne doit-elle pas considérer aussi que sa population s'est accrue, ou que, se développant davantage, en donnant plus de liberté à ses mouvemens, l'Europe peut être regardée comme un espace trop circonscrit pour la contenir.

La priorité de possession acquise à l'Espagne lui donne, sans doute, des droits incontestables à la propriété, quoiqu'ils aient été conquis, et non cédés par les indigènes. Mais si les indigènes revendiquent leurs droits préexistans à la conquête, ou les défendent de la même manière

qu'ils ont été acquis; s'ils invoquent l'équité;
s'ils invoquent l'admission à l'association générale; s'ils invoquent la politique; s'il y a impos-
sibilité pour l'Espagne de s'y maintenir; si la
politique parle encore plus haut que l'équité, la
politique ne doit-elle pas déterminer l'Espagne et
l'Europe à des changemens impérieusement solli-
cités pour le bien commun de l'une et de l'autre?

En mettant en harmonie, comme nous l'avons
fait, notre Système particulier pour Saint-Domingue, et celui de Conciliation de l'Amérique,
nous sommes toujours partis de ce principe que,
si la force des événemens commandait des sacrifices, ils ne pourraient être faits ni à une indépendance absolue, ni à un préjudice trop
sensible pour l'Espagne. Nous nous sommes
attachés à ce point de reconnaissance nécessaire
d'en former les bases de la conservation de
l'union de l'Amérique avec l'Europe, fondées
sur une réciprocité de bienveillance et de commerce; en même temps de faire à l'Espagne la
part qu'elle doit s'empresser de retirer des événemens en établissant une branche de la dynastie
régnante sur le trône du Mexique. On verra, par
la suite, quels avantages plus particuliers elle
doit en retirer.

Ce n'est point en flattant les erreurs des Princes
qu'on peut aspirer à les servir; c'est en leur indi-

quant les écueils cachés sous les fleurs artifi-
cielles du dévouement ; c'est en leur montrant
la vérité et le tableau de la situation de
leurs affaires, ou, pour mieux dire, en en
mettant le bilan sous leurs yeux : aussi, nous
aimons à nous persuader que, si la Cour
d'Espagne parvient à être instruite des vœux
que nous formons dans cet Essai, plutôt que
nous n'émettons une opinion dans une question
tellement épineuse et importante, que, de sa
solution dépend la tranquillité du monde, elle
y reconnaîtra l'expression franche et sincère
d'un dévouement aussi véritable à ses intérêts,
qu'à ceux des autres Souverains de l'Europe,
pour lesquels nous paraissons montrer une prédilection particulière.

L'Amérique, il y a quarante ans, ne présen-
tait qu'une vaste colonie d'esclaves, divisée en
quelques Etats qui y étaient possessionnés. Aujourd'hui, elle s'offre sous un aspect étonnant
et bien différent. Son organisation se compose
de *la République des Etats-Unis*, parvenue
au plus haut degré de grandeur, et balançant les
destins de l'Angleterre, son ancienne Métropole.

Elle se compose du *Royaume du Brésil*, que
gouverne un Prince d'Europe, qui réunissant
tous les élémens de prospérité au concours des
lumières qu'il y appelle et encourage, prend
rang parmi les Royaumes puissans. *

A côté se place *Buenos-Ayres*, République naissante, sans consistance, il est vrai, mais qui s'étend et se consolide; plus loin le *Chylli* et le *Pérou*, marchant sur les mêmes traces.

Plusieurs des Gouvernemens du premier ordre en Europe ont une population plus nombreuse, mais ils ont moins d'étendue en territoire. La législation de ceux-ci est perfectionnée, sans doute; les arts et les sciences leur donnent de l'éclat et les honore : heureux de ce sort, ils restent stationnaires dans cet état prospère; mais ceux de l'Amérique, encouragés par cette émulation et guidés par ces modèles, s'avancent, et plus jeunes, ils attendent que la liberté soit assurée pour développer et féconder leur accroissement, favorisé par le climat sous lequel ils sont placés, accroissement qui n'a point de bornes.

Voilà déjà cinq grands Etats. Les trois derniers, encore mal affermis, sont formés d'une partie du territoire de l'Amérique méridionale, et n'en occupent pas la cinquième partie.

En parvenant à leur indépendance, à entraîner le Mexique et les autres parties depuis l'Orénoque, ils entraîneront, comme satellites, les îles qui tournent autour de cette terre, qui en sont des démembremens, qui leur appartiennent naturellement, et qui s'y rattacheront.

A présent qu'une puissance maritime protége,

encourage et seconde cet essort, le Nouveau-Monde ne sera-t-il pas, dans cinquante ans, plus puissant que l'ancien ? n'aspirera-t-il pas ses ressources, son industrie, son argent et sa population ?

Que ces craintes soient plus ou moins fondées, que les résultats qu'on en redoute se fassent sentir plus ou moins tard, l'Europe se coalisera-t-elle pour opposer des entraves à ces progrès de la civilisation que l'on contemple avec la même inquiétude mêlée d'admiration, que ces tempêtes précédées et suivies de feux qui embrâsent le ciel et la terre, auxquelles, malgré soi, on attache ses regards, dont on craint les effets, et que l'on ne peut empêcher ? Non, ee parti extrême, incertain, n'est pas nécessaire. Il est bien plus juste de s'attacher à ces succès, de les diriger, d'en profiter, de les borner par des mesures de précaution, et que l'Europe, pour faire distraction à ses inquiétudes, pour s'en arracher pour toujours, porte en Amérique, avec les présens de son amitié, son industrie et ses connaissances, et avec l'oubli de ses maux passés, avec la cause de ses agitations futures, de ses rivalités, le désir de se maintenir dans les douceurs de la paix, de se considérer comme une grande famille qui se ressent toujours des malheurs qu'éprouve l'un des membres qui en fait partie.

Nous avons esquissé le tableau politique de l'Amérique, sa situation actuelle et le peu d'espérance qui reste à l'Espagne de la rendre meilleure, à moins d'en tirer le seul parti que lui conseille la prudence.

En érigeant le Mexique en Royaume, en y plaçant un Prince de la maison royale, et donnant à ce Royaume un Gouvernement fédéral, qui aurait la faculté de comprendre dans l'union toutes les autres parties du territoire qui voudraient y entrer, et y ajoutant un arrondissement qu'elle déterminerait, ce Royaume est assuré dans la maison régnante. Il peut être étendu. C'est un allié puissant qu'elle se donne; elle peut, en même-temps, stipuler les tributs qu'elle voudrait en retirer, et les réserves qu'elle se conserverait. Le commerce de l'Espagne, sans y être privilégié, y serait favorisé.

Nous estimons, en conséquence, que ces tributs, ces réserves et le commerce, rendraient à l'Espagne, annuellement, la somme de 100 à 150 millions; qu'elle n'en retire rien à présent: qu'au contraire, elle s'épuise, elle s'abîme; et que, quand même l'Amérique lui rentrerait au même titre qu'elle la possédait, dans la même soumission et tranquillité dont elle jouissait, si cela devenait possible, elle ne pourrait jamais être assurée de tels avantages, ni prétendre les obtenir.... Si elle vient à succomber dans la lutte, que lui restera-t il?

Cette détermination ne serait donc point aussi extrême qu'il le paraît d'abord, si on se rappelle que le Roi Charles IV, quelque temps avant l'invasion de l'Espagne dont il était menacé, avait pris la résolution de se retirer au Mexique, èt d'en former un Royaume; si on se rappelle que, depuis deux ans, le bruit a circulé plusieurs fois, que l'Infant don François de Paule devait en obtenir, ou la couronne, ou le Gouvernement.

D'autre part, si, par des accords toujours difficiles à consentir quand ils comprennent des cessions de territoire, elle abandonnait sous la garantie et protection de l'Europe, les parties du territoire qui préféreraient rester isolées et se gouverner, à se joindre à la fédération du Mexique, regretterait-elle des sujets qui, trouvant sous un Gouvernement libre la même sûreté, la même indépendance qu'ils recherchent, ne voudraient pas s'y soumettre? Et faisant ce sacrifice à la tranquillité, n'aurait-elle pas le droit de stipuler qu'il lui fût payé des tributs, et des dédommagemens?

Quel bien ne produirait pas à l'Espagne une ressource aussi grande et aussi assurée dans l'état de ses affaires! quel encouragement ne donnerait-il pas à son agriculture et à son commerce! quelle confiance n'inspirerait-il pas au crédit public et à ses finances! quels avantages n'en retireraient pas les Colonies qui lui resteraient en Amérique, et plus puissantes encore que celles des autres états !

Et si, pour la déterminer, on lui donnait des compensations en Europe, l'Espagne aurait-elle à se plaindre de ce partage ? Aurions-nous négligé de peser ses véritables intérêts, ou les aurions-nous sacrifiés ?

Mais de ce résultat, l'Europe s'appuie à l'Amérique, et l'Amérique à l'Europe ; elle s'ouvre une nouvelle carrière, de nouvelles ressources ; elle n'a plus aucun danger à courir. Cette situation balance tous les intérêts et toutes les ambitions en Europe comme en Amérique

Conduit à ces réflexions pour signaler l'erreur et faire triompher la vérité, nous nous y sommes d'autant plus facilement abandonnés, que les circonstances présentes peuvent leur faire obtenir quelque attention, et que, s'il en était échappé de notre esprit, dans une matière et si profonde et si grave, elles trouveraient, au moins, une excuse légitime dans le zéle qui nous guide et que nous montrons dans l'intérêt général de l'Europe, en appelant sa sollicitude sur un sujet qui doit avoir une si grande influence sur ses destinées futures.

Dans l'état des affaires en Amérique, liées aujourd'hui si étroitement à celles de l'Europe, nous nous sommes bornés à poser des principes comme points de reconnaissance, laissant aux hommes d'Etat de tous les pays, plus familiarisés avec ces questions, à les approfondir et à les rectifier.

Mais, dans l'importance de Saint-Domingue, en raison de sa position topographique et de ses ressources, dans la considération des changemens extraordinaires que les événemens y ont introduits, de tant d'intérêts généraux et particuliers qu'ils ont froissés ou anéantis , nous devons persister dans le sentiment qu'on ne peut ramener la puissance européenne au niveau où elle doit monter en Amérique, qu'autant que ce pays rentrera le premier dans l'union qu'elle est intéressée et obligée d'y former, sans être arrêtée par le mode d'administration particulier qui peut assurer ce succès, en le faisant dépendre de la reconnaissance de la souveraineté de la France de laquelle il relève.

Les modifications admises dans son régime intérieur, pour le garantir de désastres certains, ne sauraient affaiblir, en aucune manière, les résultats qu'on doit se promettre. Son union avec la France leur prête, au contraire, un nouvel appui ; et la France, en particulier, ne pourrait adopter un parti ni plus sage ni meilleur. Mais on concevra, peut-être aussi, que ces considérations ne peuvent être désormais soumises à

des esprits trop prévenus pour les apprécier ou
les juger sainement, ni à des préjugés funestes ;
car l'homme d'Etat s'en sert, les dirige, et ne s'y
asservit pas. Ils ont, néanmoins, par un motif
d'intérêt public qui diminue la gravité des reproches, compris un seul point : c'est celui qu'on
ne pouvait attaquer le Système sans lui donner
de la publicité, et par conséquent sans obstruer
et se fermer le *passage du pont.*

Mais c'est au commerce qui a les yeux atten-
tivement fixés sur Saint-Domingue, et où il est
ramené sans cesse par ses vœux, qui n'a plus à
craindre ni entraves publiques, ni obstacles secrets, et dont la confiance doit renaître avec
l'amélioration de la situation de la France, au-
dehors comme au-dedans, et dans toutes les
parties de l'administration publique, à solliciter
l'avantage, important pour lui, d'intervenir,
comme médiateur, dans cette affaire. Il lui appartient, du moins autant qu'il jugera ses intérêts liés à une démarche aussi utile dans tout état
de choses, de réclamer du Gouvernement,
obligé, plus ou moins tard, de prendre des mesures pour rétablir son autorité à Saint-Domingue, quelles qu'en puissent être les suites, de
les ajourner ; il doit insister sur la nécessité de les
remplacer par la conciliation qu'il se chargerait
d'opérer, sous la réserve de la souveraineté de la

France, de l'amélioration du sort et des intérêts
des propriétaires, du rétablissement des priviléges
du commerce, et des concessions à faire à la Colonie, et enfin de se servir de la compagnie de
commerce, comme pouvoir neutre et intermédiaire, afin de laisser aux passions le temps
de s'amortir, et de préparer les voies à une union
plus intime entre la Colonie et la Métropole.

Cette intervention se trouverait remplie par
un acte d'association et de création de la Compagnie de commerce, lequel en réglerait les
bases et le but ; il contiendrait les engagemens
qu'elle s'obligerait à garder, tant envers le Gouvernement qu'envers la Colonie. Cet acte serait fait
ou collectivement ou par chaque place de commerce en particulier : revêtu ensuite de l'homo-
logation des deux Chambres, il aurait force de
loi de l'Etat, dans laquelle la Colonie trouverait la garantie qu'elle désire. Du Gouvernement
ressortiraient après les statuts créateurs et orga-
niques de la Compagnie, en exécution et pour
garantie de l'acte d'association. Ce mode évite
tous les embarras, et il donne un nouvel appui
AU PONT, pour que le commerce puisse le passer
sans obstacle et sans inquiétude.

FIN.

EXTRAIT DES LETTRES

ADRESSÉES

A M^r. LEBORGNE DE BOIGNE,

Auteur de l'Ouvrage intitulé : *Nouveau Système de Colo-nisation pour Saint-Domingue* (1).

———※———

Lettre de Son Excellence le Duc d'Aumont, Pair de France, premier Gentilhomme de la Chambre du Roi.

Aux Tuileries, le 9 mars 1818.

Je me suis empressé, Monsieur, de remettre au Roi votre ouvrage sur le nouveau Système de Colonisation que vous proposez pour Saint-Domingue : j'ai prié Sa Majesté de fixer son attention sur la note qui y était jointe, et qui a pu donner au Roi une idée des moyens proposés dans l'ouvrage.

Recevez, Monsieur, l'assurance de ma considération distinguée.

Le Duc d'Aumont.

---

(1) *Paris*, 1817. Un vol. *in-8°*. Chez Dondey-Dupré, Imprimeur-Libraire, rue Saint-Louis, n°. 46, au Marais.

Extrait d'une lettre de la Chambre de Commerce de Bordeaux, en date du 6 Juin 1817.

PERMETTEZ-NOUS, Monsieur, de vous exprimer le grand intérêt que nous inspire votre précieux travail, et la vive reconnaissance dont nous sommes pénétrés, pour les veilles et les soins que vous avez consacrés à cet objet, qui importe si essentiellement à la prospérité du commerce en général, et particulièrement à celui de la place de Bordeaux.

Nous serons, Monsieur, constamment animés de ces sentimens, en cherchant par la lecture et la médita-tion de votre ouvrage, à nous pénétrer des vues utiles que vous y présentez; et d'après l'invitation que vous nous en faites, nous aurons l'honneur de vous faire part des réflexions qu'elles nous auront suggérées.

Pour les Membres de la Chambre de Commerce,

Signé *Maigné*, Secrétaire.

Extrait d'une lettre de la Chambre de Commerce de Marseille, en date du 12 Août 1817.

. . . . L'IMPORTANTE et riche colonie de Saint-Do-mingue a beaucoup souffert, une population nouvelle s'y est élevée sur les débris de ses anciens habitans.

Il serait peut-être aussi contraire aux calculs d'une sage politique, qu'il l'est aux sentimens de l'humanité, de s'exposer à rénouveler des scènes de carnage et de dévastation, dont cette malheureuse Colonie a été le théâtre.

On n'y arracherait pas aisément l'autorité des mains de ceux qui s'en sont emparés, tandis qu'on peut espérer de la faire rentrer sous la domination du Roi, sans lui faire éprouver de nouvelles secousses, en employant les moyens que vous avez indiqués.

Ce Système de Colonisation pour Saint-Domingue doit fixer l'attention du Gouvernement du Roi, autant par l'importance de son sujet, que par la manière dont vous l'avez présenté.

La colonie de Saint-Domingue rendrait au commerce national un de ses plus grands moyens de prospérité : de quelle gratitude ne doit-il pas être pénétré pour les Écrivains distingués, qui comme vous, Monsieur, cherchent à lui en aplanir les routes, et à lui en faciliter le retour !

Signé *Joseph Allard*, vice-président ; *Regnaud, Saint-Aman de Fabron, Pierre-Louis Roux, P. Perron, Raymond, Richard, Jacques Tardieu, Ch. Sejourné, A. H. Millot, Denis Roland.*

Extrait d'une lettre de la Chambre de Commerce de Nantes, en date du 5 Juin 1817.

.... Un premier aperçu sur le plan de votre Ouvrage, nous y a fait reconnaître des vues fort étendues, une grande connaissance du pays et de ses ressources présentes. Nous le méditerons avec toute l'attention que mérite le sujet, et que commande la manière dont vous l'avez traité ; mais peut-être appartient-il mieux au Gouvernement qu'à de simples particuliers, d'apprécier tout le mérite de cet ouvrage, en ce qui regarde la possibilité de concourir à l'accomplissement des vœux que chacun forme pour qu'une portion, du moins, des ressources qu'a offertes anciennement la colonie de Saint-Domingue, ne soit pas à jamais perdue pour la France.

Signé *Franç. Delavill*, président *; Pierre Collet, Soubzmain, de la Motte, Coquebert, Jacques François, Ch. A. Gouin, Ch. Rossel, Dubois-Mary, Mery, Louis Levesque, Henri Bertrand, Alexis Bonamy.*

Lettre de M. le Comte de Beugnot, Ministre d'État, Membre de la Chambre des Députés.

Du 13 avril 1818.

Monsieur l'Ordonnateur,

J'ai lu avec beaucoup d'intérêt votre ouvrage intitulé : *Nouveau Systéme de Colonisation pour Saint-Domingue* Il a justifié à mes propres yeux le plan que j'avais soumis au Roi, et discuté dans son conseil au mois de février 1815; car nous nous rencontrons sur les points principaux. J'ai cru un instant que le moment était arrivé de reprendre Saint-Domingue de la seule manière dont il puisse

être repris, suivant moi, en établissant insensiblement, entre la métropole et cette ancienne Colonie, des
liens de commerce et de bienveillance qui con-
duiraient nécessairement au besoin de communiquer
avec la France, et bientôt après d'en être protégé.
Arrivé là, vos excellentes vues pouvaient se réaliser,
et avec de la sagesse et du temps, on pouvait regagner
quelques-uns des avantages attachés à ce sol iné-
puisable, et à cette position magnifique. Je conserve,
comme député, les idées que j'avais embrassées, comme
Ministre de la Marine ; et si je ne suis plus en position de les faire adopter, je ne renonce pas à les
défendre, et je ne peux que vous remercier de m'en
avoir fourni de si bons moyens.

J'ai l'honneur d'être, avec une haute considération,

Monsieur l'Ordonnateur,
Votre très-obéissant et très-dévoué
serviteur,
LE COMTE BEUGNOT.

Paris, le 17 Thermidor an 7.

Lettre de M. l'Adjudant-Général BOYÉ, *nommé député de
St-Domingue au Corps Législatif, à M.* LEBORGNE
DE BOIGNE, *Membre du Corps Législatif.*

J'apprends que vous avez été nommé Membre de la
commission chargée de l'examen du procès-verbal de
mon élection, en remplacement de l'un des représen-
tans sortis au renouvellement du tiers ; je m'appplaudis

de ce choix, parce qu'ayant été à même d'apprécier ma conduite à Saint-Domingue, j'ai tout lieu d'espérer que vous voudrez bien faire vos efforts pour faire cesser, le plus promptement possible, l'incertitude cruelle dans laquelle je languis. Je ne demande pas de faveur pour la décision à intervenir, mais j'ai le droit d'intéresser votre justice. Telle est ma position, que j'ai été forcé de contracter des dettes pour soutenir mon séjour à Paris. Le désir ardent que j'ai de payer à ma patrie le tribut que lui doit tout bon citoyen, me rend insupportable, l'oisiveté honteuse dans laquelle on me laisse; si je ne puis chercher à la servir dans le sénat où j'étais appelé, qu'il me soit aumoins permis d'aller verser mon sang aux armées, et je ne puis prétendre à cet honneur, tant que le Corps Législatif n'aura pas définitivement prononcé sur mon compte. Ma prompte admission ou mon prompt regret, c'est-là l'objet de ma demande; et l'on ne saurait que la trouver plus que juste. Je suis convaincu que les considérations que je viens d'exposer, suffiront pour vous porter à presser, de tous vos moyens, le rapport de mon affaire, et à le faire mettre incessamment sous les yeux du Conseil, etc.

Salut et considération,

BOYÉ.

Pour copie conforme aux lettres originales,

LEBORGNE DE BOIGNE.

FIN.

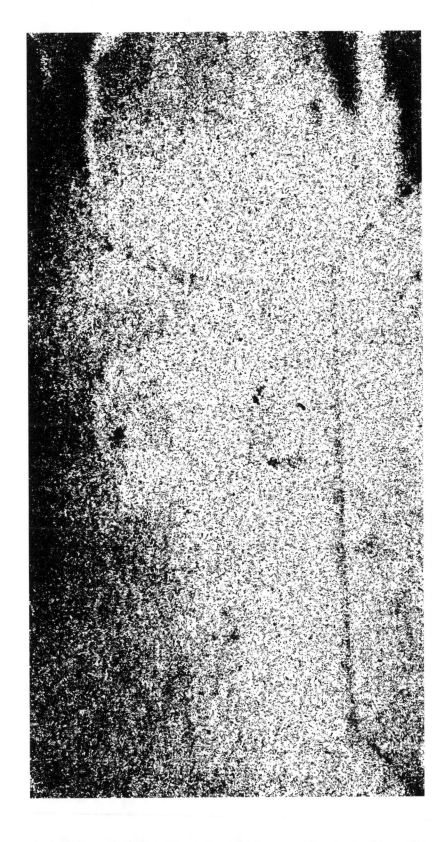

CPSIA information can be obtained
at www.ICGtesting.com
Printed in the USA
BVHW041127040219
539410BV00006B/121/P